周紹賢著

莊子要義

中華書局印行

莊子要義　目錄

自序

以經世致用之學以自期者，閱莊子之書，必曰此玄虛之談，無關治平之旨也。此往昔躁進之士，拘執之儒，已多爲然。而況時逢叔世，迷心物欲者，高談其實利之論，當更以莊子爲不屑道矣。物欲思想，汩沒理性，惡由是興，而亂由是起。禽獸猶有合羣之德，同類不相食，物欲思想熾盛，則弱肉強食，無所忌憚，莊子所謂「子有殺父，臣有弒君，正晝爲盜，日中穴阫。千世之後，其必有人與人相食者也」（庚桑楚篇）。似此，人而不如禽獸之恐怖社會，其即實現於物欲思想盛行之時也。然而人類終爲萬物之靈，決不願沈溺於禽獸不如之野蠻生活中，其理性不能爲物欲所毀銷，終必發揮其力量，而將人生導於安全合理之道。故物欲之病，陷人於痛苦之中，及至人類靈感覺悟，終必起而消除此病也。

衆人爭名奪利，爲物慾作祟，邦君弄政權，爭霸主，亦係物慾作祟，大學云「一人貪戾一國作亂」，一人卽邦君，上行下效，自春秋以至戰國，列國互相侵伐，孔孟以王道仁義游說諸侯，欲其戢私慾而息戰禍，皆失敗而歸。莊子當此亂世，見世人迷於物慾，「亂世沉濁，不可以莊語」，乃「以深爲根」，以道爲本，以巵言、重言、寓言、「無端崖之辭」（天下篇），著而爲書，窮天人之際，具微妙之義，敎人養心繕性，翛然達至樂之境，讀者倘能稍解旨趣，個人可免慾火燒身之苦，衆人可滅慾火「焚和」之災（外物篇），此清儒魏源所以謂：道家之書「救世書也」（老子本義、論老子）。禮運云「飲食男女人之大欲存焉」；儒家以人欲與生俱來，無法禁絕，而「人欲」又有其自然發達之本能，亦不必加以啓導，但如任其放恣，必演成慘烈之人禍，故儒家注重啓發理性，一面克己自約，以節制人欲；一面使人相互之間，以禮讓情感消除私慾之衝突；如此而開人羣文明之風。莊子見世間之變亂，人生之苦惱，皆因物欲引發而起，人爲萬物之靈，反而爲外物所奴役，「以物易性」（駢拇），此誠愚妄之事。人類非振奮自覺，不能超出慾海。振奮自覺，神智清明，始能不役於物。「物物而不物於物」（山木），始能適眞性以遂自然之樂。莊子以人不可違自然，故其擯斥利慾，亦非禁慾主義；蓋天地畜養萬物，各賦以生存之道，而各有其定分，「鷦鷯巢林不過一枝，偃鼠飲河不過滿腹」（逍遙遊）。物質所需。足以養生足矣，若縱慾妄取，則侵及他人，「利害相摩」，「以利累形」，「見利輕忘其身」，所謂「危身棄生以殉物」（讓王），豈不違背自然而毀壞人生之道？

俗人沈於慾壑，其生活趣味，亦只限在「飲食男女」之中而已，宇宙曠達之境，高尙至樂之趣，豈俗見、俗腸所能領悟？「嗜欲深者，天機淺」（大宗師）。唯能恬淡寡欲，超然物外，始能「乘物以遊心」（人間世），「彷徨乎塵垢之外，逍遙乎無爲之業」（大宗師），所謂「上闚靑天，下潛黃泉，揮斥八極，神氣不變」（田子方），莊子即此等境界之人也。其思想在出世入世之間，無往而不自得，其釣魚濮水，獨善其身之生涯，爲衆人所易識，而其粃糠塵世，解脫物累，「上與造物者遊，下與外死生無始終者爲友」（天下），此種超世精神，則非衆人所能想象，甚且被斥爲荒誕，鷃雀不知鴻鵠之志，難怪其然。即世間恒見之事，亦非盡人所能知，義勇之士，見危授命，懦夫不明其意恉：貧苦之人，拾金不昧，偸兒難解其心理；而況莊子之博大思想，「芴漠無形，變化無常，獨與天地精神往來」（天下），俗流不能識其度量，庸夫詎能加以銓衡？莊子亦自知其道難遇知音之人，故曰「萬世之後，而一遇大聖知其解者，是旦暮遇之也」（齊物論），故不明莊子而妄加詆媒者多矣，所謂「下士聞道，大笑之」（老子），又何足怪？

憨山云「聞嘗私謂，中國去聖人，即上下千古負超世之見者，去老唯莊一人而已。載道之言，廣大自在，除佛經，即諸子百氏究天人之學者，唯莊一書而已。藉令中國無此人，萬世之下不知有眞人；中國無此書，萬世之下不知有妙論」。（觀老莊影響論）。莊子潔己修身之入世態度，與諸賢無異，其異光特彩即在其超世思想，其不易爲人所識而遭非議者，亦即在其超世思想。非由道德人生不能入於超世思想，反對超世思想而非薄超世思想者，猶之不食某種食物而詛咒某種食物也。老莊而後，儒道兩家互相牴牾，儒家後學往往貶抑老莊，然而超世思想爲人生必有之一義，故雖貶抑，亦不能損其價值，清儒將莊子之學比爲藥材中之堇（又名烏頭），言其有毒，只可作治病之用也，此雖貶抑莊子，而恰好說出其一部份價值；烏頭固無米粟之功用，然遇某種疾病，非烏頭莫治，則烏頭之功用又非米粟可代。有超世思想始能視富貴如浮雲，天下大亂，君子道消，雖熱心救世之聖人亦只得藉超世之思以寄其心志。顏子陋巷安貧，孔子稱其賢，如只能安貧便可謂賢，則賢者亦不過如常人之安分守法而已，有何可貴？然而孔子稱其賢者，蓋以其含醇守樸，樂道忘俗，有超世之度也。莊子屢藉重孔子之言以明道，史遷莊子列傳謂莊子詆訾孔子，其實莊子並非詆訾孔子，乃詆訾學孔子之迹者也。莊子亦屢贊顏子，大宗師篇載：顏子講物我兩忘，「同於大通」之境界，孔子大爲贊歎；論語載顏子之貧苦生活，「人不堪其憂，回也不改其樂」，亦即物我兩忘之超世境界；泰然抱達觀於無爲之場，怡然齊貴賤於不爭之地，此孔子所以稱其賢也。孔子固爲講人生實際哲學之聖人，然而大道包羅萬有，甘酸辛苦，諸味不同，期於各適其口；藥無偏勝，對症爲功，在乎人之善用；故孔子聞老子之玄言，只歎其猶龍，而不加評議；假如孔子遇莊子其人，當亦必曰：各行其志，道並行而不相悖也。

漢志載莊子之書共五十二篇。今所存者，分內篇、外篇、雜篇，共三十三篇。考據家謂內七篇爲莊子所撰，餘皆莊子後學所述，此不必深究也。王夫之謂外篇蓋爲莊子之學者引伸莊子之義。陸長庚謂雜篇乃莊子平生緒言，掇述於內外篇之後者。是則外篇雜篇，亦總爲莊子一家之言，猶之論語亦爲孔門後學所記，然其爲孔子學說則無疑。論其義理，言歸一宗，不必計其文出誰手也。余素喜讀莊子，初則愛其文章如長風鼓浪，波瀾壯濶，詞旨淵懿，神味雋永。久之對其義理略有所悟，乃錄爲一册，名曰莊子要義，蓋就自心所得者，錄其綱要而言，管見所及，縱爲古人之糟粕，猶不能得其萬一，豈敢以此謏浮之言，爲眞實之要義？雖愚者千慮，必有一得；而微言妙義，只可意會，不可言詮，尤非文字所能道也。噫！漆園往矣，倘世人稍解其書，雖未能深入大道之鄉，如眞人之超脫自在；亦不至慾火自焚，燃及他人，演成互相毀滅之浩刼矣。

周紹賢　自序

莊子考證

莊子與孟子同時，孟子發揚孔子之學；莊子發揚老子之旨；莊子在道家之地位，亦與孟子在儒家之地位相埒，故孔孟並稱、老莊並稱。於孟子書中可見孟子生平之行事；莊子書中則除莊子之言論外，所述生平之事甚尠。蓋孟子繼孔子仁以爲己任之志，欲行道濟世，知其不可而爲之，故說齊梁，遊宋滕，如孔子之周遊列國同其勞苦，是以事蹟較多；莊子效老子知常守靜之道，以爲亂世不可以有爲，苦心勞形無益也，故辭却吏職，而釣於濮水，與老子見周之衰而去官歸隱，同其超然，是以其事蹟較少。史記莊子傳云：

莊子者，蒙人也，名周，周嘗爲漆園吏，與梁惠王齊宣王同時。其學無所不闚，然其要本歸於老子之言，故其著書十餘萬言，大抵率寓言也。作漁父、盜跖、胠篋，以詆訾孔子之徒，以明老子之術，畏累虛、亢桑子之屬（亢桑子卽庚桑楚，畏累山名，見庚桑楚篇，虛通墟），皆空語無事實。然善屬書離辭，指事類情，用剽剝儒墨，雖當世宿學不能自解免也。其言洸洋自恣以適己。故自王公大人不能器之。楚威王聞莊周賢，使使厚幣迎之，許以爲相，莊周笑謂楚使者曰：「千金重利，卿相尊位也，子獨不見郊祭之犧牛乎？養食之數歲，衣以文繡以入太廟，當是之時，雖欲爲孤豚豈可得乎？子亟去，無汚我，我寧游戲汚瀆之中自快，無爲有國者所羈，終身不仕，以快吾志焉。

本傳明言莊子爲蒙人，而後人誤以蒙爲宋之蒙澤，故遂以莊子爲宋人。考之漢書地理志云「梁國領縣八，其三曰蒙」。左傳莊公十二年，「宋萬弒閔公於蒙澤」。賈逵云「蒙澤宋澤名」，杜預注云「蒙澤宋地，梁國有蒙縣」。縣與邑爲地方區劃之稱，蒙爲梁國之縣名，蒙澤爲宋國之地名，單字地名不可增一字，雙字地名不可減一字，例如尙書甘誓「大戰于甘」，史記封禪書黃帝接萬靈於甘泉，左傳僖公四年「重耳奔蒲」，襄公十九年，享晉卿于蒲圃，而今單字地名雖可加縣字，然鄒平縣不可簡稱曰鄒縣，泰和縣不可簡稱曰泰縣，則蒙澤不可簡稱曰蒙，此古今之通例也。誤以莊子爲宋人，自劉向始，劉向別錄云「莊周宋之蒙人也」。於是漢書藝文志「莊子五十二篇」，班固自注云「名周，宋人」。張衡髑髏賦云「吾宋人也，名周」。高誘淮南子修務訓注亦曰「宋蒙人也」。於是遂以莊子爲宋人。按宋之蒙澤在今河南商丘東北，誤傳莊子爲蒙澤人，因又附會謂莊子爲吏之漆園即在蒙澤故城中，前人已知此說爲誤，故裴駰史記集解引地理志曰「蒙縣，屬梁國」，陸德明經典釋文莊子音義序錄亦云「梁國、蒙縣人也」。是則前人對劉向之說已加更正矣。按梁國之蒙縣，即今山東之菏澤縣，寰宇記云「漆園城在冤句北五十里，城北有莊周釣魚台」，冤句故城在今菏澤城西二十里，莊子辭却漆園吏職之後，釣於濮水，濮水流經冤句及菏澤縣北，釣魚台所在地，古名南華，即莊子之故鄉，漢時於此設離狐縣，後魏改稱離觚，唐朝改稱南華縣，天寶元年詔稱莊子書曰南華眞經，故道敎稱莊子曰南華眞人。

莊子外物篇謂莊周家貧，「貸粟於監河侯，監河侯職司監理黃河，梁國位於黃河之濱，莊子爲梁人，故向監河侯貸粟。梁卽魏也，山木篇謂「莊子衣大布而補之，正潔係履而過魏王」，所謂「過」

，並非專有所事而鄭重求見，乃就便過訪之意，莊子如爲宋人，若遠見魏王，必有所爲；家雖貧，而遠客異國，亦不至破衣敝屣。此所記莊子著平居之衣履，就便過訪魏王，彼此只閒談一番，顯然與魏王頗相熟稔，非自遠方而來者。又山木篇記莊子遊雕陵觀螳螂捕蟬，及返而三日不庭之事，亦爲鄉居之閒情，非在異邦之事，按雕陵在今河南扶溝縣，爲梁國之地（見魏書地形志），此皆足證莊子爲梁人。

莊子生卒之年月，無可考證，就傳中謂其與梁惠王、齊宣王同時而言，亦即與孟子同時，又謂楚威王曾遣使聘迎。此可以作大略之推定如下：

周安王十四年至烈王五年之間（西元前三八八—三七一年）　莊子生
周烈王七年（西元前三六九年）　魏惠王立
周顯王廿九年（西元前三四〇年）　楚威王立
周顯王三十六年（西元前三三三年）　齊宣王立
周顯王四十年（西元前三二七年）　楚威王薨
周慎靚王二年（西元前三一九年）　魏惠王薨
周慎靚王三年至赧王廿四年之間（西元前三一八—二九一年）　惠施卒
周慎靚王四年至赧王廿五年之間（西元前三一七—二九〇年）　莊子卒

以上所推斷，雖難肯定，然大致不外如是云。

秋水篇謂：楚王使二大夫往聘莊子，以國事相託，莊子不允。本傳亦謂：楚威王聘莊子爲相，莊子不就。莊子似乎決心不爲世用，是以後世或以莊子爲隱居放言玩世肆志之人，故朱晦庵云「老子猶要作事，莊子則不作事」，此實不然，夫莊子早年曾爲漆園吏，既爲仕矣。又據韓非子喩老篇所載：楚王欲伐越，莊子諫止之，可知莊子曾見楚王，未嘗不欲仕也。賢名聞於楚國，其本國之君梁王，如能用賢，莊子豈不欲輔國澤民乎，雖曾見梁王，而既知其不可與有爲，又豈肯徒作食祿之人受臣僕之羈勒；此與孟子見梁王、見齊王，道不得行，歸而獨善其身，同其心情，惟莊子眞人之境界與孟子聖人之思想不同耳。

史公所云莊子「作漁父、盜跖、胠篋，以詆訾孔子之徒」，此又有可議者：莊子並未詆訾孔子，亦未嘗詆訾孔子之徒，相反者，莊子不但推崇孔子，而對孔門顏淵子貢諸人並深加贊揚；細參胠篋篇中之意，乃亂世激憤之言；孔子倡導仁義，老子云「大道廢有仁義」，乃指事實而言，並非反對仁義；而是謂大道未廢，世風純穆，盜竊亂賊不作，則無須提倡仁義。老子云「智慧出，有大僞」，亦指事實而言，並非反對智慧，所謂「絕聖棄智，民利百倍」，其聖其智，皆指逞才智施巧詐而言；莊子胠篋篇即闡明此義者，意謂：聖人講仁義原以教人爲善，定制度原以教人守法；然奸慝竊名盜利，只僞尊聖人，其所作所爲正悖叛聖人，故「爲之斗斛以量之，則並與斗斛而竊之；爲之權衡以稱之，則並與權衡而竊之；爲之符璽以信之，則並與符璽而竊之，爲之仁義以矯之，則並與仁義而竊之。」以竊仁義之名騙取權位以害人羣者，爲大盜，搶刼貨財者，爲小盜，故曰「竊鉤者誅，竊國者爲諸侯」。小盜爲大盜所引起，大盜假聖人爲招牌，若揭除大盜之招牌。則小盜敢向大盜進犯，使之同類相訌，以毒攻毒，互相消滅，惡勢力崩潰，正義出現，社會始克安定，故曰「掊擊聖人，縱舍盜賊，而天下始治矣」（以上所引皆胠篋篇）。

盜跖篇之意則尤顯然可睹，試看盜跖對孔子所發之牢騷：贊美神農至德之世，人無相害之心，痛恨後世名利相競、權勢相爭，因而善惡不明，故忠如比干伍員而遭剖心沉江之禍。以比干伍員効忠於暴君，徒作無謂之犧牲，不足貴也。盜跖之殺人作惡，由於當局顚倒是非所引起，如禮法嚴明，安有盜賊？孔子勸盜跖爲善，而反被所侮，惡人不可理喩，亂世賢人受辱，此爲必然之事，故莊子避世隱名，此盜跖篇之大意也。

老子以亂世，不可以有爲，故去官而隱，觀老子贈孔子之言「良賈深藏若虛，君子盛德容貌若愚」，故聰明深察，博辯廣大之人，愈當愼言（見老子傳及孔子世家），此皆亂世明哲保身之語，莊子深體老子之旨，故漁父篇寫出道術高深之至人如老子者，戒孔子：無權無位而欲過問天下事「仁則仁矣，恐不免其身，苦心勞形」，無裨於世，徒取辱耳。道家處世以智爲出發點，儒家處世以仁爲出發點，此儒道兩家思想之分野。孔子雖堅持「知其不可而爲之」之精神，然聞漁父之高論，而再拜受教，此並非詆訾孔子，孔子嘗言「三人行必有我師」，而況漁父爲至人，故曰「見賢不尊，不仁也」，此正證明聖人虛心謙遜之態度。莊子爲道家，固然尊崇道家，所寫之漁父，當然爲道家人物，謂孔子願向漁父學道，亦並非貶抑儒家，老子爲孔子師，儒家樂於承認，孔子博學而無常師，漁父乃賢而隱者，聞其善言，拜而受之，安有詆訾孔子之意乎！

莊子寓言篇自述其言論分三項，曰：寓言、卮言。寓言者，寄託假設，以明本意；重言者，借重聖賢之言，以助己之理論；卮言者，如把酒閒談，恣所慾言。莊子書中，每借孔子之言以輔道家之旨，茲舉各篇中所述孔子之言行：

人間世：開端便稱孔子對顏子講好名之害及「心齋之法」：以「虛室生白」以喻心境空寂，慧光煥發，而致吉祥之善應。又述孔子對葉公子高講命與義，忠與孝，以及物來順應之道。

德充符：首段述孔子講聖人游心於德之和，官天地，府萬物，忘形骸，死生雖大，而不爲之變。復述孔子勉弟子務學道以補前衍。復述孔子對魯哀公講才全之人，保其性眞。不受死生窮達之搖動，哀公稱孔子爲至人，爲德友。

大宗師：述孔子對子貢講方外之人，不爲世俗之禮所拘，遊乎天地之一氣，彷徨乎塵世之外。對顏子講死生變化，浮生如夢，人當歸依自然，與大道冥合。復述顏子對孔子自述已達物我兩忘，內外如一之大通境界，孔子贊其賢而悅之。

天地篇：述漢陰丈人反對機械。其言論爲子貢所服，稱其爲全德之人；孔子謂其人，乃假修渾沌氏之術者，識其一，不知其二，背乎現世，不足爲明道者也。

天運篇：述魯太師金對顏淵批評孔子：周遊列國，欲行先王之道，勞而無功。雖言之成理，而不切事實，故顏子置而不答。

秋水篇：述孔子被困於匡，知窮之有命，知通之有時，臨大難而不懼，故絃歌不輟。

至樂篇：述顏淵適齊，孔子憂其與齊侯言堯舜之道，必不能見信，而遭失敗。

達生篇：述孔子聞捉蜩者之言，對弟子講「用志不分，乃凝於神」之道。及對顏淵講重外務者，心靈必拙之理。又述孔子對恣慾食色之戒。又述孔子觀善浮水者，習慣成性之言。

山木篇：述孔子亦能拋功名，與世無競。亦能絕有爲之擧，行無爲之教。又述孔子窮於陳蔡之間，對於窮達死生安之若命。

田子方篇：述孔子對顏子講「哀莫大於心死」，形迹變化皆虛幻，不可執以爲有。又述孔子講眞人境界之正大。

知北遊：述孔子對冉有講天地古今死生自然之理。對顏淵講聖人恬淡之心境。

徐无鬼：述孔子借宜僚弄丸、叔敖秉羽之事，以喩「不言之言」，運用之妙。

則陽篇：述孔子忘懷絕慮，開化群類。又述孔子體諒隱者疾世之心。又述孔子以衞靈公之謚含義不明，請史官解釋。

外物篇：述孔子講去私智而大智乃明；無心爲善，方爲眞善。

寓言篇：述孔子對弟子講：得失無動於中，哀樂無繫於懷，方能視高官厚祿如蚊虻之過目。

讓王篇：述原憲、曾子、顏淵之安貧樂道，不同流俗，不慕虛榮，養志者忘形，得道者忘憂，天子不得而臣，諸侯不得而友，知足而常樂，無位而不怍。又述孔子困於陳蔡，絃歌不輟，霜雪雖降，松柏不凋，得道者窮亦樂，通亦樂，所樂非窮通也。

列禦寇篇：述孔子講九徵觀人之法。又述魯哀公問顏闔欲用孔子治國，顏闔謂不可：非不欲其用孔子也，蓋知其不能用孔子也。據莊子逸篇載：子張聞哀公好士，不遠千里而往見之，及見公不禮士，乃去。謂：哀公好士，有似葉公子高之好龍，非好眞龍，「好夫似龍而非龍者也；今君非不好士也，好夫似士而非士者也」。哀公對子張猶不能用，豈能用孔子哉！「飾羽而畫，從事華辭」，時君虛僞之作風，非孔子所能苟從者也。

綜觀莊子書中，所述孔子及孔門弟子之言行，皆爲贊頌，並無詆訾。世路崎嶇，人事紛紜，儒家重視世人生之道，然人間多有無法解決之問題，被陷於煩惱之中，愈向事實進攻以求達願望，而事端愈複雜，艱苦愈繁重，雖有打破環境，人定勝天之口號，然時機所限，亦無濟於事，因此，只有虛心靜氣，「知其不可奈何，而安之若命」（人間世）。道家之自然態度，超世思想，海濶天空，翛然自得矣。人不能脫離現實生活，然超世思想爲人生所不可無，是以孔子能視富貴如浮雲，以道不行，又欲乘桴浮於海，大宗師篇述孔子稱子桑戶等，超然物外爲方外之人，自身安於世俗爲方內之人，「外內不相及」各行其志。孔子旣明方外之學，亦尊方外之人，方內方外，道並行而不相悖，此可見孔子之明達。寓言篇莊子對惠子贊揚孔子，謂：孔子日新其德，已進於道，而不形之於言說，非固執一是，以辯論服人之口者。其所謂已進於「道」，乃道家之「道」，非儒家之「道」，各篇中所取孔子之言，皆爲契合道家之旨者。

老子爲孔子師，天地篇述孔子問老聃以辯者之價値。知北遊述孔子問至道於老聃。田子方述孔子聞老子之言而「知天地之大全」。然而「道」與「儒」終有分介。天道篇述老聃告孔子循道而趨，不必偈偈乎仁義。天運篇述老子對孔子及子貢之言，總謂仁義之治，不及淳樸之風，儒墨倫理之世，不及使人各安其性命之情，其實老子並非以仁義爲不美，孔子亦贊頌無爲而治，兩家之所見所重不同，而可以相通，故老子終贊孔子爲得道之人（天運篇）。

總上所述可見莊子不但未詆訾孔子，反而贊美孔子，是以蘇軾云諸子中，「尊孔子者，無如莊子」。

往年余曾作儒道合一之端，雖有人反駁，而亦不能易吾說也。其所謂儒道不同之點，余固知之，而余所論儒道相通之義，彼未悟也。墨子曾學儒家之道，及其自己之學說成立，遂詆毀儒家（見墨子公孟篇、耕柱子篇）。子夏、田子方俱爲魏文侯之師，莊子天地篇「夫子問於老聃」，稱孔子爲夫子，可見莊子曾習儒學，及深入道家，而仍頌揚孔子。田子方篇，贊美田子方。韓愈云「子夏之學，其後有田子方，子方之後，流而爲莊周。」劉向云「道家之言，合於六經。」孔子師老子，莊子與孟子同時，孟子排斥異端，而未一言非及莊子，史公老子傳謂「世之學老子者，則絀儒學；儒學亦絀老子；道不同不相爲謀，豈謂是耶？」孔孟老莊本身未嘗牴牾，後學之徒，門戶相爭，豈孔孟老莊之旨哉！史公稱莊子：「其學無所不闚，其言洸洋自恣，王公大人不能器之。」亂世賢人當隱，故不受楚王之聘。此已足見漆園學問之宏達，才氣之豪放，品節之清高。復讀其書，文辭之瓌琦，議論之雄偉，思想之精深，明幽玄之理，通天人之境，達生死之變；此其所以能與天地精神往來，在時世溷亂之中，而能脫然無累，自得逍遙之樂。漆園稱老子爲博大眞人，實際其本身亦即博大眞人也。

莊子要義

一、宇宙觀

郭象云：「天地者，萬物之總名也，天地以萬物爲體，而萬物以自然爲正」（逍遙遊注）。此即言天地萬物一體，萬物有其一貫之理；此即本體論之義也。從來論宇宙問題者，皆必追探宇宙萬有之本體，以推究其根本之原理。然此問題大矣玄矣，哲學家各有所見，各持其說，孰能窺其大全？孰能窮其究竟？恐將爲人類永遠研討之問題矣。

老子云「天下之物生於有，有生於無」，所謂「無」，並非空無所有，而是「無狀之狀，無象之象」（十四章），「其中有精，其精甚眞」（二十一章），包羅無限之妙用，此即所謂「道」，道乃萬物之所由生，即萬物之根本原理，亦即宇宙之本體。無本體即無宇宙，無宇宙亦無所謂「道」，道無始終，宇宙亦無始終，「無名天地之始，有名萬物之母」，有無相生，本屬一體。如必追論宇宙生成之序，則萬物未生之前無形無迹，而其生成之原理固已先在，有原理始生現象，則道可謂「先天地生」（二十五章）。事物變化，由微而顯，由簡而繁，而總皆由道而生，故老子曰「道生一，一生二，二生三，三生萬物」（四十二章），莊子云「泰初有無無，有無名，一之所起，有一而未形，物得以生謂之德，未形者有分，且然無間謂之命。留動而生物。物成生理謂之形。形體保神，各有儀則謂之性」（天地）。——道爲宇宙萬物之總源，萬物之初未露象迹，無象無名，而各有具體之理潛於無形，及至各由其理而得其生，此卽謂之德。當其未有形質之時，其生成之條件已有定分，定分所限不能變易，此卽謂之命。造化流行，萬物實現其理，顯然成象，此卽謂之形。形神相輔，各依其當然之則，以遂其生存之道，此卽謂之性。性命形體者，萬物之實際也；萬物各現其實際，順其自然之理以安其生，於是萬象森列，宇宙秩序井然不紊矣。——此卽宇宙之所以生成。

萬物與宇宙爲一體，就萬物演生之過程中，察其一部分現象，似可推論宇宙生成之序如上述。宇宙博大，事理繁賾，縱不能確乎盡知，亦不妨姑作如此假設。以莊子思想之曠達，決不以管窺天，囿於所見；故曰「以其至小，求窮其至大之城，是故迷亂而不能自得也……又何以知毫末之足以定至細之倪，又何以知天地之足以窮至大之域？」（秋水）。莊子以天地古今空間時間，廣大永長，無窮無極，故曰「有實而無乎處者宇也（空間）；有長而無本剽者宙也（時間）。」（庚桑楚）。佛家有大千世界之說，天文家以太空之無數羣星，皆各爲一世界，莊子亦深有此見，故曰「計四海之在天地之間也，不似礨空（蟻垤蟻穴）之在大澤乎？計中國之在海內，不似稊米之在太倉乎？」（秋水）。空間與時間不相分離，空間旣無窮大，時間亦無窮長，曆法家積日成月，積月成歲，將時間劃分節段，以便計算，其實，時間渾然無極，春非始而冬非終，嬗遞相續，至密而無畛域，無影無迹，不可以數計，故曰「除日無歲」（則陽）。「無古無今，無始無終，」（知北遊）。時空之玄妙，不可以名狀，言乎其大則廣莫無涯，言乎其小則微渺難辨，蝸之左右兩角，載有蠻觸二國，（則陽）。朝菌晨生而暮死，亦如人壽一世，（逍遙遊）。此與佛家所謂「一毛孔中萬億蓮花，一彈指頃百千浩刼」，同其意識。宇宙包羅萬有，至大無外，至小無內，莊子謂「自細視大者不盡，自大視細者不明」（秋水），故吾人不能窺天體之大，不能察電子之微，宇宙之蘊奧，將永爲人類所不能盡知。

宇宙變化，人所難測，古人每以神學解釋天地之現象，故以日蝕地震，皆爲天意示警之徵，此不獨中國爲然，西方哲人亞里斯多德猶謂星體運行，皆有神力爲之推動。莊子則已超出神學思想，以爲天地之變化無非自然，故曰「天其運乎，地其處乎，日月其爭於所乎，孰主張是，孰維綱是，孰居無事，推而行是？意者，其有機而不得已邪，意者，其運轉而不能自止耶？雲者爲雨乎？雨者爲雲乎？孰隆施是，孰居無事，淫樂而勸是？風起北方，一西一東，有上彷徨，孰噓吸是，孰居無事，而披拂是？敢問何故？」（天運）。宇宙星體，彼此吸引，旋轉不已，自動運行，地球繞日循環，有固定之躔度，可謂有其常處。莊子此言，徵諸今之天文學說，於理亦無所違。推而至於日月晦明，雨之降施，風之吹噓，皆由其自然之道，出於不得已而然，草何以色綠？竹何以中空？宇宙之神祕，多有不可致詰之處，誰能言其故？目不知所以見，心不知所以悟，「天機之所動」，「不知其所以然」（秋水），只可曰自然而已。

「夫道，有情有信，無爲無形」（大宗師），「獨立而不改，周行而不殆」（老子二十五章），居絕對之地位，有一定之法則，其體似靜，然而寓動於靜，其動不息，故宇宙事物瞬息萬變，誰能察其幾微？秋水篇云「道無始終，物有死生；年不可舉，時不可止，消息盈虛，終則有始。物之生也，若驟若馳，無動而不變，無時而不移，何爲乎，何不爲乎？夫固將自化。」宇宙之本體爲道，道無時而不動，時間隨其動而流行，不能揮而去之，不能阻而止之。動與時不能相離，道動迅速，時光疾馳，萬物隨之而變化，「反者道之動，」（老子四十章），其動有周行循環之律，道無始終，物有死生，「方生方死，方死方生」，推而論之，其死乃無窮之變化，死似乎終，而非終止，終則有始，萬物之生死變化，不由自主，順受自然而已。

「至精無形，至大不可圍」，至大無外，至小無內，勿以己之所視爲大者，爲眞大，大有更大焉者；勿以己之所視爲小者，爲眞小，小有更小焉。至大與至小，皆非吾人所能見所能知，故吾人所見所知者，皆非絕對。因此，莊子遂有相對、平等之論。憑主觀而執所見，每好爲絕對之論；由客觀而愼思辨者，始能察相對之理；自其大者言之，則天地如稊米；自其小者言之，則毫末等丘山；「因其所大而大之，則萬物莫不大；因其所小而小之，則萬物莫不小。……因其所然而然之，則萬物莫不然。因其所非而非之，則萬物莫不非。」有彼始有此，有死始有生，故曰「知東西之相反而不可相無，則功分定矣」。萬物各有功能，各有其定分，天性莫不俱足，故曰「以道觀之，物無貴賤……萬物一齊，孰短孰多，」（以上所引皆秋水篇）。相對也，平等也，故吾人不必自卑，亦不可自大，恬淡爲懷，優游於宇宙，逍遙自得而已。

二、空觀

佛家以空觀爲入理之門。何謂空觀？易言之，空觀卽否定所有固定之觀念，使思想見解歸於淨化，進入主客未分無差別之境界，從中悟出確實不貳之眞理。釋迦云：「我昔未成佛道，坐樹下便作是念：此衆生類爲不尅獲何法，流轉生死不得解脫？時我復作是念：無有空三昧者，便流浪生死不得至竟解脫。若得是空三昧亦無所願，便得無願三昧；以得無願三昧，不求死此生彼，都無想念，時彼行者，復有無相三昧可得娛樂；此衆生類皆由不得三三昧故，流浪生死。觀察諸法已，便得空三昧，已得空三昧，便成阿耨多羅三藐三菩提。」（增一阿含第四十一卷馬王品）。由此可知釋迦之所以完成無上正覺，乃由於已得空三昧。故空觀實爲佛法之重心。維摩經弟子品云「諸法究竟無所有，是空義」。宇宙間一切事物與道理，佛家統名之曰「法」，諸法俱爲因緣虛構，本無實性，故名曰空。宇宙萬有，因緣相生「生、住、異、滅」如夢幻泡影，總皆無常，故曰「凡所有相，皆是虛妄，」（金剛經），故曰「一切諸行空寂不可得」（阿含經）。此卽空觀之本義。能作如是觀，則胸中空無邪執之念，證得一切法空，而安住於純一無雜之悟境，在此境中始能尋出眞理，照見眞我，始能得大解脫，此卽佛家所追求之究竟，卽所謂大徹大悟莊嚴自在之佛陀境界。——莊子之境界，具有佛家之空觀，惟其言論無空觀之語詞，故借佛家之語詞以明莊子之思想。

凡宗教皆具超世之想，而以佛家之境界爲最高。中國先秦時代，諸子百家爭鳴，學術思想燦然大備，迄今雖世界思想紛紜競勝，而其大旨總不外先秦諸家之範疇。先秦思想雖備，然而未有偉大教主如釋迦、耶穌者，起而建立宗教。羅素稱中國無宗教，為中國文化三大特色之一。無宗教為中國文化之長？抑為中國文化之短？非本文所及。然所謂無宗教，豈中國先哲竟無宗教家之意識、無宗教家之思想乎？此不然；墨子當時見到人類之互相侵害，已感到社會有宗教之需要，其天志、明鬼等篇，即全為宗教性之言論，天志云：「天欲義，而惡不義」，「順天意者兼相愛……必得賞。反天意者交相賊……必得罰。」此以天為有意愛人，為人之主宰，如基督教之上帝相同。明鬼篇云：「鬼神能賞善而罰暴」，欲使人相信確有鬼神監察人之行為，使人不敢為非，此則落為低級之宗教意味矣。凡偉大宗教皆有超世之想，其修行之目的，皆有其超凡俗之幸福境界，故耶教有天國，佛教有極樂。墨子之天志明鬼，只在使人畏天與鬼之懲罰而不敢作惡，並無宗教超世之理想，故不能成立宗教。先秦諸子有超世之想而能與佛家之境界相比者，則惟莊子。佛家超世之想由空觀而來，茲言夫莊子之空觀。

以管窺天，囿於所見，是謂妄見。佛法首先教人擯除妄見；不除妄見不能達空觀。莊子之思想曠朗宏達，大之則彌於宇宙，細之則察乎幾微，以天地為一指，以古今為一瞬，以秋毫為大，以太山為小，以人身雖能，而不能如鰌魚之寢泥濘；（以上諸意俱見齊物論）。以人智雖大，而不能意禽獸之所將為。（則陽）。「物無非彼，物無非是」，理有自然，事無絕對，勿固執以為可，「方可，方不可」；勿固執以為不可，「方不可，方可」；（齊物論）。「禍兮福所倚，福兮禍所伏，」（老子），人世事物，成不必喜，敗不必憂，「其分也，成也；其成也，毀也；凡物無成與毀，復通為一。」

（齊物論）。大乘起信論云「一切諸法，唯依妄念，而有差別」。金剛經所謂「是法平等，無有高下」。莊子實具此慧眼，能作如斯觀，故能破除執我，燭照幽微，廓然無礙，而證空觀之眞諦。

佛家以宇宙一切，皆爲因緣和合而生，本無自性，凡夫俗人，不知人身乃五蘊之假和合，固執此即爲常一主宰之人我，此名曰「我執」（亦曰人執）。不明五蘊等法由因緣而生，如幻如化，固執法有實性，此名曰「法執」。能破此二執，始能照見：萬有爲妄，五蘊皆空，蓋二執爲起惑造業動亂之根源，今悟我法皆空，不起惑業，則當下即成正覺。憨山云「二執既破便登佛地，」（道德經解），試看莊子之慧通，豈非已登佛地乎？

莊子云：「至人無己」（逍遙遊），「不樂壽，不哀夭，不榮通，不窮醜，」（天地），「古之人其知有所至矣，惡乎至？以爲未始有物者，至矣，盡矣，不可加矣。」（齊物論）。未始有物，則一切皆空。如是則「離形去知，同於大通，」（大宗師），身知俱泯，物我兩忘，浩然空洞，內外如一，此非佛家所謂「無我相、人相、衆生相、壽者相……離一切諸相，則名諸佛」乎？（金剛經）。

既云諸法皆空，則佛法本身亦屬於空，大乘起信論云：「當知染法淨法皆悉相待，無有自相可說。」故金剛經云「所謂佛法，即非佛法」，即言佛無定法，不可執着也。道家闡述此義，尤爲簡明，老子云：「道可道，非常道」，眞常之大道，玄妙無極，不可以具體指擬，不可以言語形容，老子名之曰「無」。「無」即等於佛家之「空」。明乎眞常之道，須有眞知，聖人雖知之，猶不敢固執所知；凡夫則臆度妄測，強以不知爲知，故老子云：「知者不言，言者不知。」眞常之道爲凡夫所不能知，故「下士聞道大笑之」；荒妄之道爲聖人所不屑知，故「君子可欺以其方」；由世俗之見而言，何爲有知？何爲無知？是以莊子假齧缺問王倪以事物絕對之「是」，三問，而王倪皆以不知對之，曰「庸詎知吾所謂知之非不知耶？庸詎知吾所謂不知之非知耶？」（齊物論）。財物在我手中，猶不敢固定爲我所有，而況妙道、妙法、不可思議，豈敢固執所見曰我已得之乎？故莊子述輪扁之技巧不能傳其子，其子亦不能得其巧，以喻齊桓公讀聖人之書，乃古人之糟粕，未必能見聖道，（天道）。又述老子之言曰「使道而可獻，則人莫不獻之於其君；使道而可進，則人莫不進之於其親；使道而可以告人，則人莫不告其兄弟；使道而可以與人，則人莫不與其子孫」（天運）。金剛經云「說法者，無法可說」，法是緣生，說法亦緣生，緣生無性，當體卽空，故知法本無法，說卽無說。易傳云「神無方，而易（易理）無體」，「變動不居，上下無常，不可以爲典要」。神則玄妙莫測，易則唯變所適，不可以一方一體以明之。變化無常，不可固定標的，執之以爲典要。一切妙道妙法莫不如此，故莊子云「舜問於丞曰，道可得而有乎？曰：汝身非汝有也，何有夫道？」（知北遊）。身非所有，道非所有，此卽佛家之破除二執，照見二空。

旣能從「空」中悟出眞理，可知「空」並非空無所有之意。世人以己之所能見能知者便以爲有，以己之所不能見不能知者便以爲無，見到法生卽起「有」見，見到法滅卽起「無」見；此二見皆爲妄見。佛法不落此二偏，世界萬有，俱爲衆緣和合之假有，非實在，非常住，非獨存，因緣離散卽歸消滅，不可執以爲有。然其所有之因果、體用、現起與還滅種種事故，又不可執言其無，「此有故彼有，此生故彼生；此無故彼無，此滅故彼滅。」（阿含經）。諸緣和合，互相依存，一切如幻如化之無常生滅，只有似有非有，似無非無而已，此即佛家之空觀。空而非空，則諸法仍有其實性，從緣起無我之義以明之，則法之生起是幻起，還滅是幻滅，生滅無常，本來空寂，此即諸法之實性，故般若經云「一切法自性不可得。自性不可得，即一切法之自性。」是則空即是眞實，空即是自性，今還其本來之空，無增無減，而不虛妄顚倒，此即諸法之實性，此即佛家修行所要求之「眞如」。何謂眞如？唯識論云「眞謂眞實，顯非虛妄，如謂如常，表無變異；謂此眞實於一切常如其性，故曰眞如，」（按諸經中所云實相、法性等，皆同眞如）。眞如則性恒寂靜，脫離煩惱，無累自在，此即佛家所追求之涅槃。眞如法性，爲法之本體，推其究極，生死不渝，大涅槃經云「法身不滅」，佛陀入滅時，謂弟子曰「現世之肉身雖亡，而其正覺之法身永遠不滅」。佛號一曰如來，何謂如來？金剛經云「如來者，即諸法如義」，因其離一切法差別之虛相，證一切法一如之眞性，法性空寂，無有差異，故曰諸法如義，證得空寂之性，故名如來。又云「如來者，無所從來，亦無所去，故名如來」。隨緣不變曰如，不變隨緣曰來，五蘊色身雖有來去（生滅），而本具之佛性實不來不去，因此，故如來之眞身永恒常在，莊嚴圓滿。佛法教人超出慾海，解除苦厄，其最高之境界即爲證涅槃，歸眞如——成佛。此其立教之根本所在。

老子講宇宙萬有之本體爲「無」，本體即等於佛家所謂「法相」，「無」亦非空無所有之意，而是杳杳冥冥，「其中有精，其精甚眞」，無而實有，非色非空，故曰「天下之物生於有，有生於無」。有無相生，則「有」並非固定，即一切事物亦皆無常；故曰「夫物芸芸，各歸其根（無），歸根曰靜（空寂），靜曰復命（還歸自性），復命曰常（自性常存），不知常，妄作凶。」（不知自性，則起惑造業，陷於痛苦）。此與佛家之義皆可相通。以至所謂「死而不亡者壽」，非佛家所謂形化而法性不滅之眞如乎？所云「古之善爲道者，微妙玄通，深不可識」。非如佛陀之德慧圓融能成此偉大莊嚴乎！

無而非無，亦即空而非空，莊子天下篇「以空虛不毀萬物爲實」，及齊物論所講：成毀通一；有情（實）無形；方生方死；方死方生，皆爲闡明此義者。道家以虛無自然爲妙道，佛家以寂靜涅槃爲究竟，佛家以佛陀爲至高之境界，莊子以眞人爲至高之境界（莊子所稱之眞人、至人、神人、聖人、皆異名而同實）。試看莊子所述之眞人：

莊子以「知天之所爲（自然大道，萬物所宗之理），知人之所爲者（人爲萬物之一，當遵天道），至矣。」（大宗師）。能知天人一體之義，是謂眞知；有眞知者爲眞人。眞人能冥會自然之道，與天合德；天地篇云「有形者，與無形無狀而皆存者，盡無（以理觀照，盡見其空）。其動止也，其死生也，其廢起也，此又非其所以也（動止死生廢興皆無常，皆不知其所以然而然）。有治在人，（人多矯揉造作，違反本性）。忘乎物，忘乎天，其名爲忘己（無我）。忘己之人，是之謂入於天。」物我兼忘，非有非無，恬淡自然，證天然之妙性，此之謂合乎天德。忘物忘己，當體即空，故對現世之生存，視之爲虛幻而不切實，此即所謂「外生」，亦即佛家所謂「無壽者相」。莊子云：「已外生矣，而後能朝徹（開明通達），朝徹而後能見獨（悟己身之眞性），見獨而後能無古今，無古今而後能入於不死不生。」（大宗師）。此非佛家所謂眞如法身常住不滅乎？佛法中之二乘菩薩，厭生死之相，惟求自渡，大乘菩薩則離於執見，不厭生死，攝化衆生，不住涅槃。莊子云「古之眞人，不知悅生，不知惡死，其出不訢，其入不距，翛然而往，翛然而來，而已矣。」（大宗師）。「乘雲氣，騎日月，而游乎四海之外，死生無變於己。」（齊物論）。出入生死，如遊太虛，了無窒礙，法性廣大與道冥一，常住不變，此非眞如自在之大菩薩乎？莊子自述其道術造詣之境界云：「芴漠無形，變化無常，死與？生與？天地並與？………上與造物者遊，而下與外死生無終始者爲友。……」（天下）。非眞人佛陀能達此等境界乎？

由空觀而悟妙道，莊子之超世境界可與佛家相埒，然而未能如佛家之成爲宗教者何也？此其原因頗多。老子爲博大眞人，道通天人，智周萬物，雖明「致虛守靜」之功，亦談「長生久視」之道，然而一部道德經，大而治國用兵，小而對人接物，總不外乎用世之學。莊子繼老子之學，大旨無異，惟莊子生當亂世，故其立言多爲獨善其身之道，雖有超世出塵之想，然而好談涉世處變之方；其生平爲漆園吏，爲釣徒，可以仕則仕，可以止則止，和光同塵，優游自得，其言行思想，俱在出世入世之間；未若釋迦之出家苦行，收徒傳法，以創宗敎學說，以建宗敎基礎。而且儒道兩家，本有因緣，孔子問禮於老子，莊子爲老子之後學，莊子受業於田子方，田子方受學於子夏，莊子旣爲道家大師，又爲孔門三傳弟子，彼對忘世離俗之畸人固爲讚頌；然對濟世弘道之聖人亦甚重視，故分之爲方外之人、方內之人，內外本不相及，（大宗師），各行其志，故莊子所述漁父諫孔子之語，正所以表明方外方內思想之不同，史遷謂：漁夫等篇爲詆訾孔子，未爲確論也！試看其人間世講聖人處世之道，首借重孔子與顏子之言，以明亂世應事之方，則莊子之思想仍未絕儒家之源淵、儒家思想之中，實難產生宗敎。一般宗敎，門戶嚴格，道不同者，冰炭難容，而其最高之敎義，總以出世爲歸宿。莊子則方內方外，道並行而不相疾；入世出世，任逍遙而無定域；由此種種，此其所以未能成爲宗教也。至於後之道教，徒借重老莊一部分空觀超世思想，而奉爲教主，實非老莊之所及料也。

三、生死觀

人生之一切問題，繁雜多端，層出不窮，小而販夫走卒之如何牟利興家；大而聖賢豪傑之如何救人濟世，諸多艱難險阻，使人勞心焦思，每至窮畢生之力而無法解決。當前迫切之問題，尚未能解決，豈暇顧及死後之問題？當前實際問題，尚多不能了徹，而死後之虛渺問題，又何以預知？故孔子曰「未知生，焉知死」。儒家只教人研究現世人生之道，對於死後之事，則不願探討。然而「死生亦大矣」，孔子亦嘗歎及，（德充符）。故死後問題，雖不切緊，而吾人終不能不顧慮；死後問題雖屬難知，而吾人終不能不揆測。就人所易見之現象而言，誠如王充所云：「人之所以生者，精氣也，死而精氣滅。能為精氣者血脈也，人死血脈竭，竭而精氣滅，滅而形體朽，朽而成灰土。」（論衡論死篇）。是則人死之後，一切化為烏有，已無問題可言矣。然而肉體不能成為人之整箇生命，主宰人之生命者，尚有所謂精神（靈魂、法性、精神，一也）。肉體健全，精神未必健全；精神或病，肉體未必有恙；精神與肉體究非一物。儒書亦有明言，禮記云「魂氣歸於天，形魄降於地，」（郊特牲）。又云：「衆生必死，死必歸土，此之謂鬼。骨肉斃於下，陰為野土，其氣發揚於上，為昭明焄蒿悽愴，此百物之精也，神之著也。」（祭義）。肉體有形，精神無形，有形之物能毀壞，無形之物不能毀壞，則肉體雖死，精神仍當存在。以上兩種見解，產生神隨形滅，與精神不滅，兩項理論，南北朝時范縝與蕭琛，曾作激烈之爭辯，而兩說互不相勝，至今爭論不決。

希臘哲人蘇格拉底，世人稱之爲西方之孔子，彼一生之興趣，固用心於現世生活，然於死後如何，彼亦未嘗淡然置之。身死神滅之說，啓人怕死戀生之心，使人對於「死」發生恐怖與悲哀；此說既不成定論，則何必妄懷杞憂，自尋苦惱？何不相信精神不滅之說，以死後別爲一世以自慰。二說如皆不可靠，則死後必有不可知之玄妙，只可以不憂不懼之態度，泰然處之而已，此孔子所以對此問題不作任何論斷也。然孔子不但對死之問題處之泰然，而且毫無悲觀之感，其自述其生活云：「發憤忘食，樂以忘憂，不知老之將至。」其寢疾之前，自知將死，猶曳杖逍遙而歌，則孔子亦似乎視死生爲一，而全抱樂觀態度。蘇格拉底對死後問題，亦持樂觀主義，彼以死後究能有人格之生活與否？雖不可知；然生平爲善之人，死後確能獲得福利，則可斷言。蓋自一方面言，假如人死之後，一切意識均行停止，則一切憂愁顧慮之苦，當亦同歸於盡；故人死無他，不過如無夢之酣睡，安然而寢，永無醒時而已。淮南子精神訓云：「或者生乃徭役也，而死乃休息也」，亦同此意。試思吾人在一生中能得幾時甜蜜之酣睡，在清幽良夜之中，無夢侵擾，安息和平，此非最幸福之境界耶？自另一方面言，如人死並非一切終止，而死之外又別有天地，予人以繼續發展求得幸福之機會，則死乃是另轉一新生階段。故死，無論爲人生最後之一幕，抑爲另一生活之開始，在賢達者觀之，並非如俗人以死爲可悲之厄運，視死爲可怖之途也。

以人死爲萬事皆休，一切消滅者，此種見解佛家謂之曰「斷見」，斷見即屬妄見。孔子與蘇格拉底皆專重人生哲學，對於死後問題雖未作明確之論，然皆不抱斷見。蘇之弟子柏拉圖更作進一步之研究，謂靈魂爲單純之實體，並非混合品，故不能分解，蓋死者無他，不過分解而已。由靈魂本性之單純，即可證其不朽。西人關於靈魂不朽之研究，有由科學實驗之方法尋求證據者。一八八二年倫敦有靈學會之設，從事靈魂之實驗研究，主持者爲當代有名之士，如克魯克斯、詹姆士、丁尼生等均在內。一八九三年，該會會長鮑爾福謂：「會中已證明上天下地，大有科學之哲學所不能夢想之事。蓋非玄談臆說，而爲可斷定之事。」會員中如洛茰且謂靈魂不朽之說，已由是而得實驗之證明。諸多哲人皆以人死並非一切滅絕，惟死後究竟如何，則未輕作明確之斷語。

對此問題特別重視，而又苦心研究者，則爲宗教家，現世生活實難如人之意，宗教家具有超世之想，現世困苦不足爲其所憂，其所追求者，在未來之幸福，雖生斯現世，而時時爲未來作安排；故宗教家，對於死生問題有深刻之研究，有詳明之闡述，凡信仰宗教者，皆必相信有來世，如不相信有來世，則其信仰必不徹底。宗教中理論最完備者，莫若佛教，釋迦以絕世智慧，苦修、妙悟，對於生死問題所得結論爲：肉身雖亡，法性不滅，生命流轉，因果相關；生死輪迴，循環相演。是故一切衆生，生死死生，生生不已，一旦現有之生命結束，即轉爲另一新生命，三生遞嬗，永無止息，煩惱快樂皆由自致，從今生受者，可以懍然於過去之所行；從今生作者，可以預知未來之所受；故生於現世，當善自修持以益來世，此佛家之生死觀也。——前於空觀篇內，曾言及莊子之超世境界可與佛家相埒；而其生死觀亦與佛家相契合，玆略述之：

老子謂：「夫物芸芸，各歸其根」，即言目前萬物雖是暫有，畢竟歸無。又謂：「天下之物，生於有，有生於無」，此已包含生死輪迴之義，莊子更作詳明之闡述，謂：「道無始終，物有死生。……物之生也若驟若馳，無動而不變，無時而不移，」（秋水）。「有乎生，有乎死。」（庚桑楚）

。「已化而生，又化而死，」（知北遊）。「彼其物無窮，而人皆以爲有終，」（在宥）。以死爲終者，世人愚惑之見也。此言宇宙萬有之本體無始無終，衆生之現象雖有生死，而生死只是無窮之變化，生死非始終也。生死流轉，變化無常，「生也死之徒，死也生之始」，「去而來而不知其所止，吾已往來焉而不知其所終，」（知北遊）。來去死生，隨變任化，不知始終，「惡知死生先後之所在？」（大宗師）。「方生方死，方死方生，」（齊物論）。「生有所乎萌，死有所乎歸，始終相反乎無端，而莫知其窮，」（田子方）。總上諸義，莊子對人之死生問題，不落斷見，不存常見（妄計一切爲常此不滅者，佛家名之曰常見）。故曰：「死生爲晝夜，」（至樂、田子方）。「死生命也，其有旦夜之常天也。」（大宗師）。由生而死，「是相與春秋冬夏，四時行也，」（至樂）。以死生如晝夜四時之循環，此與佛家生死輪迴之義，有何異哉？

佛家以一切諸法，因緣所生，人身乃五蘊因緣之假和合，緣盡則散，復歸於于空。有情衆生識性不滅，引起業果，不得不生，故生死死生乃必然之理則。莊子亦深悟此理，故曰：「人之生，氣之聚也，聚則爲生，散則爲死，若死生爲徒，吾又何患？（生死相爲伴侶，何足以患？）」（知北遊）。「生者假借也，假之而生死者塵垢也。（成玄英云：二氣五行四支百體，假合結聚，借而成身，是知生者塵垢穢累，非眞物者也）。」（至樂）。「假於異物，託於同體，忘其肝膽，遺其耳目，反覆始終，不知端倪，」（大宗師）。此即言人身爲因緣相聚，異物相假，共成一體，本屬虛幻，幻化無常，理所必然，吾人只宜忘形骸，任生死，隨大化之流行而已。

道家以「道」爲宇宙本體。由道之靜而言，可名曰「自然」，由道之動而言可名曰「造化」。自然與造化主宰萬物，萬物即自然造化之現象。自然造化爲絕對，「獨立而不改，周行而不殆」，並無其他外力能與之抗衡。生死爲自然定律，故人不能違道而自主，凡欲違道而苟生者，是爲痴妄。故莊子云：「生之來不能卻，其去不能止」。「未生不可忌，已死不可徂，」（達生、則陽）。道爲至尊，爲萬物所受命者，儒道兩家皆貴知命，知命則足以善生死，生有生之條件，死有死之條件，造物爲我安排一切，我順受其正，遵道而行，任乎自然而已，不必爲死生而苦慮也。故曰：「有待也而死，有待也而生，吾一受其成形而不化以待盡，效物而動，日夜無隙，而不知其所終。」（田子方）。生死晝夜，循環無端，死並非終，不必憂懼，「正而待之而已耳，」（山木）。所謂：「君子居易以俟命」也（中庸）。此之謂知命。

彼不知命者，貪生怕死，必欲反道敗德以圖避死苟生，妄想違抗天命以遂私慾，結果自尋煩惱，徒造罪孽，莊子以爲被此種妄見所拘繫者，其苦不啻倒懸，受此桎梏者，猶如作繭自縛，困閉囊中，愚蒙昏惑，痛苦之至。惟達人知命，從容中道，不以生死爲得失，無所憂懼，恬然自如；故曰：「得者時也，失者順也，安時而處順，哀樂不能入也，此古之所謂懸解也，」（養生主、大宗師）。解卻生死妄見倒懸之苦，則以生死爲自然，無所束縛。宇宙一切，紛紜幻化，有歸於無，是所當然，絕不執生死好惡之見以憂心，故曰：人生天地之間，若白駒之過隙，忽然而已。注然勃然，莫不出焉；油然漻然，莫不入焉，已化而生，又化而死，生物哀之，人類悲之，解其天弢（弓囊），墮其天袠（劍囊），紛乎宛乎，魂魄將往，乃身從之，乃大歸乎！」（知北遊）。將生死作如是觀，則能混同生死，「以生死爲一條」，是謂「解其桎梏，」（德充符）。如此，乃能超脫生死，離苦得樂。

儒家專重人生問題，對於死之問題不甚追究，莊子述孔子之言曰：「方將化，惡知不化哉？方將不化，惡知已化哉？（已化而生，焉知未生之時？未化而死，焉知已死之後）。」（大宗師）。又云：「予惡乎知悅生之非惑耶？予惡乎知惡死之非弱喪，而不知歸者耶？（幼年失故鄉而不知歸）。予惡乎知夫死者，不悔其始之蘄生乎？」（齊物論）。死後如何既不可知，則對死即不必憂不必畏，順理安命，與化俱往而已。儒家重視現世，莊子淡視現世，而對於死之問題，則皆能超然無累，莊子了解儒家之生死觀，故稱道之。

俗人在生憂死，妄爲欣惡，固爲愚執。方外出世之人，則恰與俗相反，「以生爲喪，以死爲返」（庚桑楚）。以生爲苦，以死爲安，故曰：「其生之時不若未生之時，」（秋水）。「以生爲附贅懸疣，以死爲決疣潰癰」，（大宗師）。以身既死，如疣之斷去，如癰之潰消，乃大快事；而且死後之樂，「雖南面王不能過也」，（至樂）。是以不願再生。以死者乃反本歸眞，生者不必爲之悲，故子桑戶死，其友人孟子反、子琴張，鼓琴相和而歌，（大宗師）。神農（隱士）聞其師老龍吉死，嚗然放杖而笑，皆對死者不但無哀悼之意，反而有傾慕之心。莊子之思想在入世出世之間，故對其妻之死也，始則慨然，繼則鼓盆而歌，蓋見其妻死，初亦同乎世情，發生悲哀；然死者已矣，徒悲何益？遂改變心理，轉爲達觀，曰：「察其始而本無生，非徒無生也，而本無形，非徒無形也，而本無氣。雜乎芒芴之間，變而有氣，氣變而有形，形變而有生，今又變而之死，是相與爲春秋多夏四時行也。人且偃然寢於巨室，而我噭噭然隨而哭之，自以爲不通乎命，故止也，（止哭）。」（至樂）。死生之理如此，死者既爲歸寢安息，則生者亦可以破涕爲歡矣！由世間之情轉而爲方外之生死觀，方內方外之境界，莊子蓋可自由出入，無所滯礙也。

佛家予人生以評語，曰：「一切苦」，苦由何來？因有情衆生，迷於貪、愛，起惑造業，遂致痛苦。何謂業？吾人憑自己之意志，致力作一切活動，活動反應之結果，養成自己之性格，此性格又爲將來活動之根柢，支配自己之命運，由此支配命運之點而言，名曰業界或業報，此業永遠不滅，除非「業盡」，——意志停止活動。活動若另轉一方向，業亦隨之轉移存在。人之生命非純物質，所造之業並不因物質身體之死亡而消滅；死亡之後，業力能驅引自己另換一方向，另成一形式，又形成另一新生命；此種轉換狀態，名曰輪迴。如此，因果相生，流轉無已，故佛家戒貪、離欲，欲根絕業力，消除煩惱，還歸空寂，此即所謂涅槃。莊子亦深了徹此種境界，故屢以「身若槁木，心若死灰」，形容此種態度，（齊物論、庚桑楚、知北遊）。此種態度，即泊然無心，寞然無情，不起念，不作業，欲絕一切因緣，而斷一切煩惱，所謂：「遺物離人，而立於獨，」（田子方），所謂：「棄世則無累，無累則正平，」（達生）。此與佛家入涅槃之思想同。

宇宙萬物，各有其理則，造化所定，誰能自主？佛家謂衆生皆有情識，佛與衆生無殊，衆生亦具佛性；肉身雖死而識性不滅。然則如上述厭棄人世之苦，歸於空寂，苟非如俗人之斷見相同，則識性不滅豈能眞若「槁木死灰」而長此終古？倘長此終古，何以證其識性不滅？識性不滅，必發生作用，發生作用，則仍必造業，「緣此故彼起」，於是因果相續，仍不免生死流轉，所以只求歸於寂滅，解脫生死輪迴而不顧再受生者，爲小乘之思想。照必然之理則而言，識性不滅，即必造業；但識性能起愚惑、造惡業；亦能悟正覺，造善業；造惡業必得苦果，造善業必得樂果，識性、造業，似乎不由自主者。然而由識轉智，修成正覺，則可以自主。「佛」即爲修成正覺者，信正覺爲求離苦得樂也，造善業既能得樂果，則佛又何必不造業不受生？是以佛門有一流行格言曰：「諸惡莫作，衆善奉行」。是以釋迦發普度衆生之願曰：衆生不成佛，我誓不成佛。故大乘佛法不厭生死，不住涅槃；能以一切苦迫中得解脫，任何邪惡不能擾亂正覺之心。不作惡業衆苦盡除，自在無累，攸往咸宜，此乃大乘之境界。——造化爲統一宇宙規律之絕對力量，未有能與之抗衡者，故佛家亦必遵自然之理以求解脫。

莊子深悉造化所命不能自主，自然之律不可違抗。彼貪生惡死與厭生而樂死者，皆爲背造化違自然而妄尋煩惱者也。人爲宇宙細胞之一種，不能脫離總體而獨存，能應順自然與天地合德者，是爲大智，故曰：「吾身非吾有也……是天地之委形也；生非汝有，是天地之委和也；性命非汝有，是天地之委順也；孫子非汝有，是天地之委蛻也。」（知北遊）。衆生與天地一體，本來無我，故一切不得據爲私有，故曰：「有形者與無形無狀而皆存者（有形者身，無形者心），盡無（盡非私有）。其動止也，其死生也，其廢起也，此又非其所以也。」（天地）。時有動靜，物有死生，事有興廢，皆自然而然，不知所以然，非人力所能如何，但順乎天理，即自得其當矣。——有人以爲莊子此種思想，將人生看得太渺小，未免過於自卑。夫以偉大眼光看宇宙之大全，人生本來渺小，夜郎自大，亦無所益。人不過爲萬物中之一類耳，不能離萬物而自存，必須順天理以安生，非渺小而何？如固執我見，妄自尊大，必演爲人人各自爲王，各欲稱雄之表現，戰爭禍亂由此而起，此實爲野蠻之人生思想。

莊子既以吾人與宇宙爲一，生死爲自然變化，則不必爲生死憂心，故曰：「今一以天地爲大鑪，以造化爲大冶，惡乎往而不可哉？」（大宗師）。惟變是適，隨遇而安，則無所謂生，無所謂死，故曰：「死與？生與？天地並與？神明往與？芒乎何之？忽乎何適？」（天下）。隨自然而變化，隨芒忽而遨遊，對於生死不存執見，則無往而不自在，此所謂：「以死生爲一條」，「知死生存亡之一體者」也。（德充符、大宗師）。

既視死生爲一體，則「不樂壽，不哀夭」，「生而不悅，死而不禍，」（天地、秋水），「不知悅生，不知惡死，其出（生）不訢，其入（死）不距，翛然而往，翛然而來而已矣，不忘其所始，不求其所終，」（大宗師）。終始變化皆恬然處之，不存喜懼之心，毫無煩惱之苦。

莊子謂：「未始有物者，至矣盡矣，弗可以加矣，其次以爲有物矣，將以生爲喪也，以死爲返也，」（齊物、庚桑楚）。未始有物，則物我咸空，生死如一，不滯有無之見，達乎空靈之境，隨緣而行，曠然無累，此同乎佛家之大乘境界；其次以爲有物者，雖能免俗人迷生怕死之累，然以爲必須脫離現世，始能圓滿眞我，未能破除生死之異見，未能造乎空妙之境，則降爲次等而落爲小乘矣。莊子大徹大悟，深入上乘高妙之境，冥合自然，不悖天道，謂之天和，「與天和者，謂之天樂。……知天樂者，其生也天行，其死也物化，」（天道）。生與天道四時偕行，死與萬物同其變化，「萬物一府，死生同狀，」（天地）。萬物與我相融，死生無變於己。如此，則無外物之礙，無古今之異，（大宗師），所謂：「行乎無方，與日無始；入於無窮之門，以遊無極之野，吾與日月參光，吾與天地爲常，」（在宥）。上天下地，生死變化，無往而非我，無入而不自得；此即莊子所稱之眞人，即等於佛家之佛陀。

莊子既達眞人高妙之境界，然其思想在出世入世之間，出入自由，上下無礙，既能超然上與造物者遊，亦能「不譴是非，以與俗處，」（天下）。其一世生活，即如此長樂終身，其將死時，「弟子欲厚葬之，莊子曰：吾以天地爲棺槨，以日月爲連璧，星辰爲珠璣，萬物爲齎送，吾葬具豈不備耶？何以如此？弟子曰：吾恐烏鳶之食夫子也！莊子曰：在上爲烏鳶食，在下爲螻蟻食，奪彼與此何其偏也？」（列禦寇）。於世情既不相乖，亦不苟順，正大無私之態度，至理有趣之妙言，足以服人心而慰人情，此種胸懷，何等豁達！其所以能一死生之變，通天人之境者，有其握要之語以明其義，曰「夫大塊載我以形，勞我以生，佚我以死，故善吾生者，乃所以善吾死也，」（大宗師）。天之生我，勞佚生死，皆有自然之安排，我不可違天理而作妄想，死生雖有變化，而眞我如常，苟以吾生爲善，則吾死又有何不善？我於現世人生中，尊德樂道，致力善業，則種瓜得瓜，種豆得豆，造善因必得善果，故善吾生者乃正所以善吾死也。如此，所謂通天人之道，與天人合德，「無天怨，無人非，無物累，無鬼責，」（天道）。無不慊於心，故能出入六合，逍遙九州，陵太淸，遊姑射，「獨往獨來，」（在宥），廣大自在，無往而不如意矣。

道家人生思想，以智爲出發點，緣督爲經，虛靜應物，絕不恣情用事，妄生憂煩。死生雖爲大事，而亦以恬淡態度處之，一切由理智作主，安時而處順，哀樂不能入，故能破除煩惱，脫然無累。莊子徹悟大道，任造化之所適，無得失之心，超脫生死之累，逍遙天人之境，非有眞知妙悟，曷克臻此？此莊子所以爲道家之大師也。

最後，附加贅語以結本文。吾人之整箇生命並非純物質；則尚有無形之主宰以支配此軀體。故宗教家以有形之軀體爲假我，以無形之主宰爲眞我。此眞我，即普通所謂精神，或靈魂，禮記郊特性、莊子知北遊皆有魂魄之稱，無量壽經下有魂神之稱，莊子齊物論所謂百骸九竅，有「眞君」存焉，憨山云「眞君」即佛說所謂「識神」是也。依理而言，眞宰不變不滅，於是佛家生死輪迴，道家歸根復命之論，由此而生。儒家雖不好講生死問題，而周易亦有「原始反終，故知死生之說」（繫辭上）。聖哲所見大抵相同也。惟此項理論不易使一般人信受，蓋此問題屬於形而上者，不能如物質科學之易於取證，雖大智先覺，確有證悟，而其幽微玄妙之義，又不能喻諸他人，如人飲水，冷暖自知，證悟之事，非徒恃理智所能勝任。則此問題將永遠爲人生懷惑、研究之問題矣。

四、政治思想

莊子處戰亂之世，棲神冲漠，不役志於利祿，故不好談政治。然而身不離乎人間，豈能隔絕世事？社會之惡濁，民生之痛苦，種種刺激，雜然在前；雖「不在其位，不謀其政」，能不對時事而興歎，思盛世之郅治乎？觀其各篇中，或寓言寄意，或直抒己見，或話非本題而旁言涉及，已足見其政治思想之概要矣。

無爲而治，儒家所慕，尤爲老莊政治思想之正鵠；故曰：「帝王之德，以天地爲宗，以道德爲主，以無爲爲常，」（天道）。無爲涵義可分爲三：一爲恭己率正，以化萬民，此指君臨天下之態度而言。二爲不以私心而故意有所爲，此指爲政之動機而言。三爲以簡御繁，不多事紛擾，此指行政之方法而言。人君暴虐無道，固足以亡國；而有成見在胸者，不肯虛心納諫，不能集思廣益，徒憑一己之私意，獨斷獨行，以致政繁事亂，亦足以失民心而喪其邦，故曰：汝遊心於淡，合氣於漠，順物自然，而無容私焉，而天下治矣，」（應帝王）。

天地以無爲之德，化育萬物，使萬物各遂其生，然而「生而不有，爲而不恃，功成而不居」（老子），無所爲也，無所私也，其神聖之功，普施於宇宙萬物，宇宙萬物亦即其偉大之所託。君之於民亦猶是也，民爲邦本，苟無民，何有君？君能以國爲家，愛民如子，不爲一己之帝位而私有所爲，則萬民戴德，永相安樂矣，故曰：「玄古之君天下；無爲也，天德而已矣。」（天地）。無爲本乎無私，縱慾營私，奢侈無度，迷於聲色貨利，則必反道敗德而強有所爲，於是上行下效，貪欲無厭，忿爭攘奪而天下亂矣，故無欲與無爲兩相表裏，老子屢爲治天下者言之（三章、五十七章）。莊子亦曰「古之畜天下者，無欲而天下足，無爲而萬物化，」（天地）。

不能虛心靜定，則妄有所爲，亂其紀綱。心靜、則「靈府」清明（德充符），知幾精一，任賢不貳，去邪不疑，操樞機以理萬幾，握道數以御衆才，是以文武爭馳，各奏其美，垂拱而天下平。故靜與無爲，亦兩相表裏，老子（三十七章、五十七章）屢言之；莊子亦曰「靜則無爲，無爲則任事者責矣（各負其責）……明此以南嚮，堯之爲君也，明此以北面，舜之爲臣也」。（天道）。

彼誤解無爲之旨者，以爲動不如靜，放廢世事，此大謬也；無爲乃不假人事之虛僞強造，而順乎自然之理以爲之，所謂：「無爲而無不爲」也。觀莊子所謂：「賤而不可不任者物也（物無棄材），卑而不可不因者民也（因其性而治之），匿而不可不爲者事也（事雖隱而不可忽），粗而不可不陳者法也（法之設施，義雖粗淺，然不可無）……。」（在宥）。何曾有一事之疏忽哉？

老子云：「以智治國，國之賊，不以智治國，國之福，」（六十五章）。權術詭謀，是爲智巧，凡用智巧之術者，必故意有所爲以營其所私。霸者假仁義以誘民心，是鈎民也。仁義本爲道德之事，而用之以干名譽購勢力，其仁義便落爲有所爲之工具，而非道德。「夫民不難聚也，愛之則親，利之則至。……愛利出乎仁義，捐仁義者寡，利仁義者衆，夫仁義之行，唯且無誠，」（徐無鬼）。人民爲利而來，亦必爲利而去，彼此無誠，互相爲僞，盜名盜利，各爲其私，由假仁假義，變而爲不仁不義，天下之禍亂，由此而起，莊子胠篋篇：「攘棄仁義，等等激烈之言，皆爲此而發也。用智巧之手段，假仁義之招牌，以竊取政權者，莊子猶斥之爲大盜，而況用智巧製法網，以控制人民鞏固權位者，其罪惡不尤甚於大盜乎？

徒恃刑罰之威以維持社會秩序，則人民貌恭而心不服，此所謂「治外」者也。無爲之治，本乎人情以身率正，使百姓歸化，而「皆曰我自然，」（老子十七章），故曰：「夫聖人之治也，治外乎？正而後行，確乎能其事而已矣，」（應帝王）。不爲己之所不能，亦不強人之所難能，無心於過，亦無心於德，伐罪所以弔民，不悖衆心；爲善出於至誠，無所圖求；故曰「聖人之用兵也，亡國而不失人心，利澤施乎萬物而不爲愛人，」（大宗師）。一切循乎天理，不招怨，亦不市恩，所謂「使物自喜，」（應帝王），而不自顯其功也。

循乎天理，洞察物情，使之各安其性，各就其範，順乎自然而歸於至當，故「官施而不失其宜，拔舉而不失其能，畢見情事而行其所爲，行言自然而天下化，手撓指顧，四方之民莫不俱至，此之謂聖治，」（天地）。蓋能秉能秉要執本，以簡御繁，無爲而無不爲，故能「功蓋天下」，而達於盛治也。（應帝王）。

無爲而治之旨，既如上述，其所達之理想社會，爲馬蹄篇所述之「至德之世」，人民樸素無欲，優游自然；及山木篇所述之「建德之國」，人民少私寡慾，無所逐求。此與儒家所主張之大同世界，盜竊不作，夜不閉戶，同爲最高理想。理想高，雖不易達，然不可不有此理想，按理想而逐步前進，終可與理想接近。莊子之理想社會，距吾人甚遠，於是一般人對其無爲而治之論，亦視之爲空談。莊子目擊當時社會之病，其政論固多有所爲而發；然而後世社會之病，有與古相似而更甚者，則莊子之言仍不朽也。而且其中精義，有爲人生所必需而萬古常新者，一代賢哲之言，豈可以孟浪視之？

政治之目的，不僅爲防亂而已也，政爲衆人之事，治衆人之事，則當以衆人之幸福爲務，老子「愛養萬物而不爲主」，及「長而不宰」等義，用之於政治，卽愛民保民，而不執主宰之權以强制人民，莊子闡明其所以然之義，曰：「亂天之經，逆物之情，玄天弗成，」（在宥），故當「順物自然」，「不失其性命之情，」（駢拇）。「故君子不得已而臨蒞天下，莫若無爲，無爲也，而後安其性命之情，」（在宥）。嚴復謂法國革命之先，自然黨人挈士尼，及顧爾耐輩學說正復如是，不獨盧梭之殫殘法制，還復本初，以遂其自由平等之性者，與漆園合也。」（嚴復莊子注）。老子云：「聖人無常心，以百姓心爲心。」爲政而不以人民爲主，逆衆人之好惡，强衆人以從我，則必桎梏人民，違其天性，使其如牛馬之在勒，甚至「絡馬首，穿牛鼻，」（秋水），迫之忍受痛苦，而不敢言，不惟失却政治之意義，且人非牛馬可比，一朝衆怒羣起，而革命流血之事暴發，其禍大矣。爭自由之口號，雖出於近代，而爭自由之事實，則自古同然，莊子言：「任其性命之情」，意義深遠矣。

無爲而治，爲行政之原則，其本義原包括不空談不機械之旨，古聖之治，其道可師；而古聖之法，不可泥拘；故莊子反對「尊古而卑今」，謂：「凡道不欲壅，壅則哽，哽而不止則跈、跈則衆害生，」（外物），「六經先王之陳迹也，」（天運），若執一守古而失其旨，如天地篇所載漢陰丈人之言，是未徹通大道而流於迂滯也。雖有善道而不知變通，必至敗事，故「昔者堯舜讓而帝，之噲讓而絕，湯武爭而王，白公爭而滅。………帝王殊禪，三代殊繼………。」（秋水）。故「三皇五帝之禮義法度，不矜於同，而矜於治。故譬三皇五帝之禮義法度，其猶柤梨橘柚耶，其味相反，而皆可於口，故禮義法度，應時而變者也。」（天運）。蓋「知道者必達於理，達於理者，必明於權。」（秋水）。道、明理、達權、因事制宜，爲政之能事畢矣。

爲政之目的，旣在使人民遂其自然，安其性命之情，然而桀驁之徒、頑梗之民，不可以德化，不可以理喻，其奈之何？於是權宜行事，始借助於刑罰。「粗而不可不陳者法也」，政治旣在安民，「爲天下者亦奚以異乎牧馬者哉？亦去其害馬者而已矣，」（徐無鬼），凡足以爲害於馬者，皆必除之，元惡大憝，猶害羣之馬也，非以法繩之不可。無爲之治，期於無刑，必不得已而用刑，終視之爲下策，故曰：「三軍五兵之運，德之末也。賞罰利害，五刑之辟，敎之末也。禮法度數，形名比詳，治之末也。鐘鼓之音，羽旄之容，樂之末也。哭泣衰絰，隆殺之服，哀之末也。此五末者，須精神之運，心術之動，然後從之者也。末學者，古人有之，而非所以先也」（天道）。精神心術苟知務本，則以本馭末，自無不遂，此體驗世事，深有灼見之言也；荀子謂莊子：「蔽於天而不知人」，豈其然乎？試再看莊子述治道之體系云：「是故古之明大道者，先明天，而道德次之。道德已明而仁義次之。仁義已明而分守次之。分守已明而形名次之。形名已明而因任次之。因任已明而原省次之。原省已明而是非次之。是非已明而賞罰次之。賞罰已明，而愚知處宜，貴賤履位，仁賢不肖襲情，必分其能，必由其名，以此事上，以此畜下，以此治物，以此修身，智謀不用，必歸其天，此之謂太平，治之至也，」（天道）。無爲而治，本不重賞罰之力，是非旣明，不賞而民勸，不怒而民威。且是非旣明，賞罰自公，公則人心悅服，彰善癉惡，自成風俗，此無爲而治所顯之迹也。莊子之政論，大意如此。於此可想治天下之不易，無怪乎堯讓天下於許由，而許由不受，舜讓天下於善卷，而善卷不受（讓王），皆以其責太重，其事太難也。然而後世之爭天下者，不惜拚命以篡奪，其目的孺子皆知矣。

五、道德境界

老子之言論總名曰道德經，後世稱老莊曰「道家」，即道德家之簡稱。仁義本爲道德之事，或以老子言：「大道廢有仁義」，莊子言：「攘棄仁義」，（胠篋），遂以爲道家反對仁義，此大不然；在老莊學說之體系中道德包括一切美德，仁義屬於道德範圍，並非道德之大全。茲先述老莊道德之簡義：

老子所稱贊之聖人，效法天地，玄同物我，遵自然之大道，成無爲之上德，「生而不有，爲而不恃，長而不宰，」（五十一章），與道冥一，善行無迹，利澤萬物而不居其德，化被衆生而無心於功，無爲而無不爲，天下蒙其庥，故曰：「上德不德，是以有德，」（卅八章）。以及其所謂「常德」、「玄德」、皆同此義。此所謂與天地合其德者也。莊子云「不明於天者，不純於德，」（在宥），「虛無恬淡，乃合天德，」（刻意）。「夫虛靜恬淡，寂漠无爲者，天地之平而道德之至，」（天道）。虛無恬淡，寂漠無爲，皆含自然無私之意。聖人贊天地之化育，以自然無私之德，化育群生，使人人「遊心乎德之和，」（德充符），情感相融，無詐無虞，皆習爲自然而心安理得，此老莊道德之簡義也。

老莊教人以「大道」「上德」爲歸，不反對仁義，然而何以仁義爲下乘？此須先了解當時仁義名詞之含義，某一語詞原始之定義，傳之後世，或有演變，與原義不同，而人之觀念亦隨之而變，例如

「革命」二字，其原義見於易之革卦，謂：「湯武革命」，乃僅指湯武革桀紂之王命而言，近世則引伸其義，以政治或社會制度之根本變革曰革命。晚近如所謂革命思想，則爲進步維新之思想；革命青年，則爲健全有爲之青年，如此則革命二字之含義，雖不背原義，然已不相侔。仁義二字著於典籍者首見於尙書，困學記聞云：「仲虺之誥爲言仁之始」，仲虺稱湯之德謂「克寬克仁」，其仁字僅含慈愛之義，卽今所謂「仁愛」，皐陶謨云「彊而義」，義卽處事得當，其含義迄今未變。仁字自孔子講學始擴大其義，論語所載孔子論仁，將一切善德統歸於仁，於是儒家以仁爲統攝諸德之總稱。然而此種定義，亦惟通行於儒家學術中耳，仁字原義僅指慈愛而言，在老子時未變，在莊子時亦未變，孟子所云，「不仁哉梁惠王也」，及「爲富不仁」之語，其仁字皆爲仁慈之意。仁愛爲殘忍之對稱，義字指合宜而言，其含義，至今猶然；而道德二字則可包括一切善行，此老莊所以以道德爲至上，而以仁義爲下乘也。蓋世衰道微，社會失淳樸之風，人情趨利慾之途，傾軋鬪爭，亂由是起，此禍之生，顯然由於人類之不相愛，處事之不得當，於是憂世者特標擧仁義之德，以作人之榘矱。倘道德之世未衰，人群恬靜自然，「端正而不知以爲義，相愛而不知以爲仁，」（天地），人人優游於「道德之鄉」，如魚之相忘於江湖，無不仁不義之事發生，又何須倡仁義之行哉？仁義固爲道德行爲，然老莊以爲僅倡仁義於道未足，於德不備，是舍本而逐末也，故老子曰「失道而後德，失德而後仁，」（三十八章）。莊子曰「道德不廢，安取仁義？」（馬蹄）。倘仁字之原義卽如孔子所定，爲一切德行之總歸，則雖未必與老莊所稱之「上德」、「至德」盡同，而亦必不至爲其所忽視矣。

老子未曾反對仁義，而莊子駢拇篇謂：「多方乎仁義，非道德之正」，胠篋篇謂：「攘棄仁義，天下之德始玄同矣」，此詎非反對仁義之論？此言蓋有所爲而發也！大道既廢，社會險惡，仁義之行，爲人所難；仁義之名，爲人所崇；於是乃有人起而「淫僻於仁義」，以顯其孤高，下焉者，則假借仁義沽名釣譽，騙取衆心，詐取權位，以遂其富貴利祿之私，仁義二字已成爲野心家利用之工具，莊子有見於此，故遂發激憤之言。其實大道既廢，不得不降低要求，則仁義仍爲可貴，福惠蒼生，彰明公理，皆爲仁義之功，莊子豈不知之？然而出乎內心，以仁義爲當然之行者寡，而託仁義以規名利者多。莊子對此種失其本質之仁義，惟以詐術視之，故曰：「愛利出乎仁義，捐仁義者寡，利仁義者衆，夫唯仁義之行唯且無誠，」（徐无鬼）。

仁義已失本質而成爲名利之招牌，於是莊子對仁義遂另有一種觀念，司馬光云：「大抵莊子所言仁義，其字義與孟子不同」。誠然，莊子所反對之仁義非孟子所謂：「仁人心也，義人路也」之仁義。孟子所講之仁義，乃由人之善性發揚而出，由人之本心自然而生，所謂：「仁義禮智非由外鑠我也，我固有之也，」「由仁義行，非行仁義也。」莊子所反對之仁義，則爲有所爲而爲，爲受外物之引誘而爲。假仁義以牟利者，莊子視之爲盜賊，即行仁義以要名者，莊子亦斥之爲違道，故以盜跖殉利，伯夷殉名，皆爲「擢性塞德」之行，（駢拇）。蓋爲聲名所拘繫，以博得衆人之喝采爲務，則矯行喪眞，受役於俗，甚且以捐生震世爲榮，如務光既不肯受湯之禪讓，又何必投水而死？尤有甚者，紀他聞湯讓務光，恐及己身，事尚未至，亦慕而效之投水自殺，並引弟子與其同盡，似此矯情殺身，故演驚異之劇，以動衆人之心，所謂「適人之適，而不自適其適者也，」（大宗師）。

莊子述許由之言曰：「夫堯既黥汝以仁義，而劓汝以是非矣，汝將何以遊夫遙蕩恣睢轉徙之塗乎？」（大宗師）。又云：「自虞氏招仁義以攖天下也，天下莫不奔命於仁義，是非以仁義易其性歟？」（駢拇）。蓋藉仁義以要名，乃爲名而行仁義，於是受制於名，如被重刑，蹩躠奔勞，失却自性，莊子引老子之語，謂仁義亂人之性者此也，（天道）。此種違道戾性之仁義已爲莊子所不取；然而爲求名而行仁義，雖失仁義之眞諦，尚有仁義之眞迹，此猶未可厚非，惟如此而行仁義，實有傷人之本性，卽孟子所謂「戕賊人以爲仁義」（告子篇），致使世人旣以仁義爲難能，又以仁義爲可榮，於是智巧者遂詐飾仁義之迹，以盜仁義之名，甚且暗中放火而明出救災，竊人之財以行己惠，於是仁義，遂又開出作奸犯科之一途，故莊子謂仁義爲「桎梏之鑿枘」（在宥）。仁義而至於此，莊子之反對又何怪哉？孟子曾言有「非禮之禮，非義之義」（離婁篇），則仁亦可謂有「非仁之仁」，然則莊子所反對者，乃「非仁之仁，非義之義」耳。

莊子之思想在出世入世之間，其言論有方內方外之別，就方內而言，眞人至人之全德，不能責求於凡人，則肯孜孜於仁義者實爲可貴。三代而上惟恐好名，三代而下惟恐不好名，「好名之人能讓千乘之國」，不好名之人，甘冒不韙，無所不爲。雖爲求名而行仁義，然亦終有利於人羣，利人卽爲道德之事，寧不可貴？莊子對仁字之解釋謂：「愛人利物謂之仁」（天地）。又云：「以仁爲恩，以義爲理，以禮爲行，以樂爲和，薰然慈行，謂之君子」（天下）。於此可見莊子不但嘉尚仁義，乃至對儒家所倡之一切德行，無不同意，人間世談忠孝之德，並借重孔子之言曰：「天下有大戒（法也）二：其一命也，其一義也，子之愛親命也；……臣之事君義也。……是以夫事其親者，不擇地而安之，孝之至也；夫事其君者，不擇事而安之，忠之至也。爲人臣子者固有所不得已行事之情，而忘其身，何暇至於悅生而惡死？」言臣子盡忠孝，當不避難不擇易，遇有不得已之事，當盡命忘身以赴之，不宜怕死而偷生。此可謂極盡忠孝之實矣。乃至於對社會之倫理禮俗，無不與儒家同其主義，天道篇云：「君先而臣從，父先而子從，兄先而弟從，長先而少從，男先而女從，夫先而婦從。夫尊卑先後天地之行也，故聖人取象焉。天尊地卑神明之位也，春夏先，秋冬後，四時之序也。夫天地至神而有尊卑先後之序，而況人道乎？宗廟尚親，朝廷尚尊，鄉黨尚齒，行實尚賢，大道之序也。」此則對世之大經大法，擁護備至矣。莊子曾引老子之言云：「入其俗，從其俗，」不可離異於人羣，公衆之風俗尚不可違，而況禮法？則莊子之處世態度，又何嘗與狂傲肆志，頑世不恭者同流哉？

然而道家之道德境界過高，莊子終不以仁義爲完美，以爲苟不以大道爲本，喪却純一之德，使社會之病態百出，有一邪症產生，則倡一德行以抵之，舍本逐末，邪症愈多，德行之名目愈繁，九德、五常、十義、四維，雖有人苦口宣傳，然道德本體已破碎支離而淪于崩潰矣。苟能復歸大道，返於淳樸，使人各安其性命之情，則仁義禮樂「存可也，亡可也，」不足尊惜也，（在宥）。蓋道德包羅萬善，仁義已在其中，無須特別標擧矣，故曰：「夫德和也，道理也，德無不容仁也，道無不理義也，」（繕性）。「道德已明而仁義次之，」（天道）。盛德之世，其風醇醇，雖有人欲格外顯其懿行，而社會既無所需，故不被人重視，故曰：「孝弟仁義忠信貞廉，此皆自勉以役其德者也，不足多也，」（天運）。道德衰敗，人類相殘，始有人發悲憫之心，起而倡行仁義，此不幸之事也！此猶之「泉涸，魚相與處於陸，相呴以濕，相濡以沫，不如相忘於江湖」也，（大宗師）。故曰：「吾所謂臧者，非仁義之謂也，任其性命之情而已矣。」（駢拇）。各安其性，恬然自得，又安用仁義哉？

雖時逢衰世，聖王弔民伐罪，不能不顯仁義之迹；納民軌物，不能不取仁義之途；然而聖王之治終不以仁義爲能事，故曰：「有虞氏不及泰氏，有虞氏其猶藏仁義以要人，亦得人矣，而未始出於非人，」（應帝王）。未始出於非人，卽尙有人我之介，尙須懷仁義以結人心，雖能使人心歸服，然猶未深入道德之境，必也引人民於大道之內，納社會於大化之中，使天下一家，上下一體，超然物外，處無爲之事，使百姓各樂其生，「皆曰我自然」。此乃達乎至德之治矣。

內聖外王，原屬一道，孟子謂仁義忠信樂善不倦，爲天爵之榮。人能修其天爵，便爲至貴，天爵之樂，膏粱文繡不與易，（告子篇）。人生境界而至於此，已爲高明矣。而莊子則尤有進者，以爲榮與貴非爲至樂，仁與義非爲全德，隨緣行事，惟道是從，仁義不足以限其迹；恬淡爲懷，抱樸守眞，榮貴不足以繫其心；故曰：「古之至人，假道於仁，託宿於義，以遊逍遙之虛。」（天運）。和光同塵而能葆眞，遊心於淡，翛然自得，眞人至人之境界如此；魏文侯聞之歎曰：「始吾以聖智仁義之行爲至矣，吾聞子方之師，吾形解而不欲動，口鉗而不欲言，吾所學者，直土梗耳。」（田子方）。此超然之道德境界，備「世出世間」之法，此道家所特有者也。

六、自然

老子云：「人法地，地法天，天法道，道法自然」。歸納其義，即言人亦必法自然。人類寄生於天地，天地雖大，然乃由道而生，必須以道爲法，道者何？即其「獨立而不改」之定律，與「無爲而不爲」之妙用而言，可名曰「自然」。天賦衆生以自然之性，各由其性以遂其生，故自然者，自己如此，本然如此，各循其當然之法則，以成其必然之結果。四時之流行不息，萬物之生住異滅，自然也；水之潤下，火之炎上，自然也；雲騰致雨，露冷爲霜，自然也；蚓之以土爲食，魚之以水爲家，自然也；人之獨具理性，明正義而創文化，自然也。目何以能視？耳何以能聽？此不可致詰者也，老子謂：「夫莫之命而常自然」，莊子謂：「今予動吾天機，而不知其所以然，」（秋水）。不知其所以然，即自然而然。宇宙一切，禀受自然，各有其自足之義，各有其自立之性，「不知其所以爲使，若有眞宰，而特不知其眹」（齊物論）。萬物芸芸，順時應化，不知其所以然而然，似有眞宰爲之主動，無而其眹迹乃虛無不可得，此虛無之眞宰，使宇宙一切各如其理，自然而然，此之謂自然。

萬物禀受自然，其理俱備，天然自得，而無所憾，蚿多足固能行，蛇無足亦能行，旣屬自然，即爲美善，故「長者不爲有餘，短者不爲不足，是故鳧脛雖短，續之則憂，鶴脛雖長，斷之則悲。」（駢拇）。各隨其自然，即皆自足，旁觀者不必爲之擔憂，平心虛已，無爲而已，若憑主觀臆見而强有所爲，則出自惡意固然傷天理而害事物；即出自善意而違自然，亦徒勞無益，多事生非；儵與忽謀報渾沌之德，曰「人皆有七竅以視聽食息，此獨無有，嘗試鑿之，日鑿一竅，七日而渾沌死。」（應帝王）。「海鳥止於魯郊，魯侯御而觴之於廟，奏九韶以爲樂，具太牢以爲膳，鳥乃眩視憂悲，三日而死，」（至樂）。凡物自然天成，各從其道，豈容人力爲之損益哉？故「至人之用心若鏡，不將不迎，」（應帝王）。不以私心之好惡而妄有所爲，「依乎天理」（養生主），物來順應，如此，則物我咸得其宜矣。

自然之在事物，卽天賦當然之理，此不可違犯者也。道家之崇法自然，卽在明天理以處人事，故莊子曰「知天之所爲，知人之所爲者，至矣，」（大宗師）。能循自然之理，「緣督以爲經」，則處事順利，不假强制之手段，自可迎刄而解。今之科學家，研究物理，作種種發明，供人應用，一般人稱之爲征服自然；若在道家言之，此只可曰應順自然，利用自然，不得謂征服自然。蓋自然爲天然不變之理，非人力所能征服者也，例如運用蒸汽或電力，必須順其自然之理，依其自然之性，爲之顧慮周到，設備完善，善加引導，妥爲安排，彼始肯與人合作；若悖其理，違其性，彼必與人決裂，使人無法抵抗。物理如此，對人處事之理亦如此，違背自然之理，而恃强妄爲，必歸失敗；老子云：「輔萬物之自然而不敢爲」。卽言對於一切事物，必依其自然之理以輔導之，彼始肯與我和諧，達於成功，不敢憑武斷而强有所爲也。

老莊之自然主義，可總括爲對人對己兩方面言之：

對人方面，爲反對干涉主義，——「自然」爲絕對之理則，萬物各賦自然之理，天地無私，造化平等，此一自然，彼一自然，「萬物一齊，孰短孰長？」（秋水），各有其道，互不相勝，於是老莊發現宇宙事物相對之關係；相對則不可囿於一偏，不可固執我見，不可强人以從我，不干涉主義即由此而生。然而世事紛紜在吾目前，「彼亦一是非，此亦一是非」，我將何以處之哉？於是「聖人和之以是非，而休乎天鈞，」（齊物論）。天鈞者，天然均平之理也，折衷其是非，而仍歸納於自然之理，總以客觀態度，順物之情，以解其紛，絕不以强硬手段以求取勝，是以其處世也，「和光同塵」，「不敢爲天下先」。守常達變，不露鋒鋩，「不爭而善勝」，所謂大智若愚也。此種主義用之於政治，則爲「無爲」之治，「聖人無常心，以百姓心爲心」，秉要執本，因民之所利而利之，「生而不有，爲而不恃，長而不宰」，德化洋溢，受群衆擁護而爲首長，然而並不以私意宰制一切；使人民不識不知，順帝之則，「皆曰我自然，」（老子）。莊子云：「故君子不得已而臨蒞天下，莫若無爲。無爲也，而後安其性命之情，」（在宥）。馬蹄、在宥等篇，多述此意。所謂安其性命之情，即近世民主主義所要求之自由平等；自由平等，本爲天所賦有之權，此不可侵奪者也！故道家之無爲政治，反對干涉，絕不「以己出經式義度」，以强制人民。（應帝王）。

對己方面，爲反對矯揉造作。——世人迷於富貴利祿，汲汲皇皇，趨之若狂，不惜違道德、昧天良以求之，明知荒妄之行，墜諸惡濁之途，而爲物慾所役，不能自休；其未得之也，則奔走鑽營，脅肩諂笑，曲盡卑鄙之技，以求達其所願。其既得之也，則得意忘形，醜態百出，極盡驕矜之氣，以求快其雄心。如此矯揉造作，即失自然之本性。富貴利祿，身外之物，聖人視之如浮雲，「以窮通爲寒暑風雨之序」，自然而已，無足介懷。（讓王）。「物物而不物於物」，脩然無累，（山木），抱道守眞，其樂自足，故老子曰：「我獨異於人，而貴求食於母」，母者道也，求食於母，即優游然生存於大道自然之中也。三代而上，惟恐好名，三代而下，惟恐不好名，好名者能讓千乘之國；不好名者，拔一毛而利天下不爲也；好名實勝於好利，然而道家崇古淳樸之風，以人生態度，當保其天眞，「如嬰兒之未孩」，始能「少私寡欲」，自得自樂，（老子）。失天眞卽喪本性矣；牟利求名，皆足以斵喪本性，故曰「伯夷死名於首陽之下，盜跖死利於東陵之上，二人者死不同，其於殘生傷性均也」，（駢拇）。且求利求名，皆爲自私，自私則流爲苟得妄取，違道干譽。損人利己固足以敗德取禍；而爲投時好，屈己求名，以博衆人之喝采，亦屬無謂之僻行；「演門有親死者，以善毀，爵爲官，其黨人毀而死者半。堯與許由天下，許由逃之；湯與務光，務光怒之；紀他聞之，率弟子而踆於窾水；三年，申徒狄因以踣河，」（外物）。若演門黨人，及紀他申徒狄之流，莊子謂之「行名失己，」（大宗師）。「不自見而見彼，不自得而得彼，長得人之得而不自得其得者也，適人之適而不自適其適者也，」（駢拇）。得人之得，適人之適，則矯揉造作，效顰他人，削足就履，以傷眞我，是爲物役而自失其性者也。郭象云：「此捨己效人者，雖效之若人，而己已亡矣」。然則今我國人之妄自菲薄，而傾心媚外者，失却自信，不求自立，豈非自棄自亡也哉？

總之，老莊以自然爲天地之妙道，爲衆生之至性，故主張率性而行，「不以物害己」；順物自然，「無以人滅天；」（秋水）。蓋「盡其所受乎天」，則各皆自足，（應帝王）。「任其性命之情」，則各全其生；（駢拇）。「無爲」之義由此而生，此所謂明天地之德，「與天和者也」，（天道）。人世之事，永難圓滿，老莊已發相對之論，其自然主義，自一方面言之，難免有人評爲消極，然自其特點言之，其別開人生之趣味，啓導人生之調和，誠爲人生不可缺之勝義。其應時之需，發揮功用，最顯著者：如西漢文景之治，崇尚無爲，以敦樸化民，而四海清平；魏晉清談諸賢，任本心之自然，不羈屈於外物，而超然自得；（清談亡國一語，爲偏狹之言，余曾作專論以駁之，見大陸雜誌十四卷十一期），此皆有得於老莊之道者也。然而自然之妙用，又不僅如此而已也。

七、性命

老子書中未曾談及「性」字。論語謂：「夫子之言性與天道，不可得而聞也」。孔老雖罕言性，然其對於人性之觀念，則皆認爲天然自善。老子云「萬物莫不尊道而貴德。」孔子云：「民之秉夷，好是懿德，」（告子篇）。此皆明言人性本善。及孟子莊子之時，各家學說爭鳴，人性問題，已成爲重要之談題，此時儒道兩家雖有分歧，然性善之說，則猶一致。孟子「道性善」，宏論特著；莊子雖未標出性善之詞，然其謂：人性有其「常然」（眞常自然之性），故當「任性」，不可「失性」（駢拇），任性猶儒家所謂「率性」（中庸），任性者，任其自如也；率性者，循其本然也；若人性非善，如何可率？如何可任？惟儒家以人性好懿德，故當急於爲善；道家以人性樂自然，故當歸於恬靜；此其分介也。今試述莊子之論性：

何謂性？莊子云：「形體保神，各有儀則，謂之性，」（天地），形體與精神相保合，視聽言動，各有合理之法則，此之謂性。是則性無不善矣，何耶？例如：性有好生之願，好生則當守其儀則，以盡其保生之術；若損人以利己，則惹怨招禍，不能保生，此豈性之所願哉？又云：「性者生之質也，性之動，謂之爲；爲之僞，謂之失，」（庚桑楚）。性爲生命之本體，性動則有行爲表現，其行動必合當然之法則，純眞自然而無不善。善惡是非，人心自有判斷，若違背當然之法則，明知其非，而猶爲之，掩其不善而著其善，粉飾形迹以圖欺人，此之爲「僞」，作僞，則失却眞性矣。

性之靈感至敏，行爲一出乎理之外，爽然卽覺，若急追悔，加以糾正，猶可贖前愆而補舊闕，此爲無心之失，名之曰過。若明知爲過，而不速返，故意順勢而下，居心叛理，此則謂之惡。凡故意有所爲者，非爲利，則爲名，作惡營利，固爲失性；爲善沽名，亦爲失性；故莊子敎人「爲善無近名，爲惡無近刑。」（養生主）。

人性旣善，然則莊子何以將仁義比之駢拇枝指、非性之正？蓋莊子最高之社會理想爲羲皇盛世（應帝王篇中之泰氏，成玄英云卽太昊伏羲）。本以「上德」爲歸，以仁義爲次，復見當時假仁義以圖霸，藉仁義以要名者，皆違乎自然之道，失却天眞之性，故謂：「擢德塞性，以收聲名」，仁義實足以「亂人之性，」（駢拇、天道）。其實亂世之中，有肯爲聲名而行仁義者，亦屬可貴，故孔子曰：「君子疾沒世而名不稱焉」，又曰：「君子去仁，惡乎成名？」孟子亦贊美好名之人，能讓千乘之國，儒家不反對好名，並主張以仁義成名，此爲儒道兩家相異點之一。爲求名而行仁義，雖爲益世之事，而莊子之所以不取者，蓋以「天下皆知善之爲善，斯不善已」（老子），「道德不廢，安取仁義？」（馬蹄）。「泉涸，魚相處於陸，相呴以濕，相濡以沫，不如相忘於江湖，」（大宗師）。欲徹底匡正社會，必須養成樸素之風，「素樸而民性得矣，」（馬蹄）。民性得，則各樂其生，卽達於至德至治之世矣。

又莊子注重獨善其身之道，其思想每趨超世之境，視人世富貴爲煩惱之源，足以亂眞性而失自由，以五色、五聲、五味、高軒華袞，皆足以「使性飛揚」，「皆生之害也」，故曰：「趣舍聲色以柴（塞）其內，皮弁鷸冠，搢笏紳修以約其外，內支盈於柴柵，外重纆繳，睆睆然在纆繳之中，而以爲得，則是罪人交臂歷指，而虎豹在於囊檻，亦可以謂得矣，」（天地）。以處富貴之中，如罪人之被縛，如虎豹之在牢，其鄙棄富貴可謂至矣。莊子以富貴名利，聲色玩好，皆足以奪易眞性，所謂「以物易性，」（駢拇），所謂「喪己於物，失性於俗者，謂之倒置之民」，皆非人性自然之道，（繕性），故曰：「小人則以身殉利，士則以身殉名，大夫則以身殉家，聖人（帝王），則以身殉天下，故此數子者，事業不同，名聲異號，其於傷性以身爲殉一也，」（駢拇），恬淡無求，優游以自得，「無天災（以循天理故），無物累，無人非，無鬼責」（刻意），此莊子樂天適性之旨也。

何謂命？簡言之：命爲人生天然所賦之條件，如人有四肢而不能生兩翼，人必陸居而不能水棲，人有智愚，有美醜，有生必有死，此天然命定之事，不可更易者也。莊子云「死生命也」，「命不可變，」（大宗師、天運），此可謂舉例釋命之語。又，命爲人生自然必趨之理。如饑則思食，勞則思休，好善惡惡，有感必應，凡人所必遵之道而不可違抗者，皆曰命；故莊子云：「不知吾所以然而然，命也，」（達生）。命爲天然固定之事，故儒家稱命曰：「天命」。朱子中庸首章注云：「命猶令也，天以陰陽五行化生萬物，氣以成形而理亦賦焉，猶命令也」，朱子弟子程端蒙性理字訓云：「天理流行，賦與萬物，是之謂命。」儒道兩家對命字之定義，頗相同。引申此義，凡爲種種條件所限制，而人所無可如何之事，皆曰「命」；凡遇僥倖之機，偶獲成功之條件，亦曰：「命」；庸碌怠惰者，本當窮苦，然而其承受先人之殷富，得以坐享幸福；天資聰慧者，當能博學，然而其困於艱難之境遇，遂致目不識丁。鄙夫登臺閣，良驥拉糞車，有幸有不幸，條件所使然，此卽所謂命定之事。雖云：人力可以打破環境，自求多福，然而其所以能打破環境者，亦幸獲打破環境之條件耳，雖才智超群，而不遇打破環境之條件，則仍不能打破環境，抱朴子云：「時命不可以力求，遭遇不可以智違」（外篇博喻）。所謂「不可以成敗論英雄」也。條件所限，雖英雄奈環境何？奈天命何？墨子非命之說，其理淺狹，不足駁定命之論。王充云：「懷銀紆紫，未必稷契之才；積金累玉，未必陶朱之智。」（論衡、命祿篇）。命運所定，豈人力所能爲？諺云：「人定可以勝天」，此乃人類自豪之詞，爲勸人發憤之語。人定如果可勝天，則孔子周遊列國，不至徒勞；孟子游說梁齊，不至失敗；人定果可勝天，則人可以長生不老，可以死而復生，人定果可勝天乎？惟欲勝天而不安命，故違背天理，作惡爲非，無致富之術，則殺人越貨；無升官之緣，則讒諂鑽營；除却悖理妄爲而外，安有勝天之策？且悖理妄爲以達所願，果爲勝天乎？天道好還，自作孽耳。是以儒道兩家，皆重知命，知命則安命，安命並非如墨子非命所云：「執有命者之言曰命富則富，命貧則貧」，富則必不能貧，貧則必不能富。「命壽則壽，命夭則夭」，壽者有疾，不醫亦必壽；夭者有疾，雖醫亦必夭；此星相方士之流所講之命（荀子有非相篇），非儒道兩家所講之命也。知命安命，乃於天理之中，以求人生之完美，故孔子曰：「富而可求也，雖執鞭之士，吾亦爲之」，所謂盡人事而聽天命也。不知天命即不明天理，不明天理而悖理妄求，是小人作亂之道也。故孔子曰：「不知命，無以爲君子也。」行險以圖徼倖，智者不爲也，故孟子曰：「知命者，不立乎巖墻之下。」知命、安命，實爲修己安人之道，不可執偏狹之見，以消極主義目之也。

莊子知命之旨，與儒家同，故每藉重孔子之言以明其義，德充符篇引孔子答哀公之言曰：「死生存亡，窮達富貴，賢與不肖毀譽，饑渴寒暑，是事之變，命之行也。」秋水篇云：「孔子遊於匡，宋人圍之數匝，而絃歌不輟，子路入見曰：何夫子之娛也？孔子曰：來！吾語汝！我諱窮久矣，而不免，命也；求通久矣，而不得，時也，當堯舜而天下無窮人，非知得也；當桀紂，而天下無通人，非知失也；時勢使然。………知窮之有命，知通之有時，臨大難而不懼者，聖人之勇也。」此已說明命定之事，聖人亦無可如何，故曰：「達命之情者，不務知之所無可奈何。」（達生）。分外妄求，取禍之道也，故曰：「利害不通，非君子也。」（大宗師）。惟聖人知命，故能一窮通，均得失，而樂天安命。

知命安命，並非消極主義，相反者，儒家尤講「立命」主義（立命一詞，見孟子盡心篇），孔子既諱窮而求通，故兢兢業業，自强不息，欲打破惡環境，創立新生命，「知其不可而爲之」，其奮鬬精神爲何如哉？然而命定之條件所限，奮鬬亦難成功，則只有安命而已；凡一切無可如何之事，皆當持此態度，方不至陷於歧途而造成煩惱，故莊子云：「知其不可奈何，而安之若命，德之至也。」（人間世、德充符）。知命、安命，儒道兩家意恉相同，惟儒家之人生以仁爲出發點，熱心用世，故知其不可而爲之，雖爲之而無濟於事，然不可不盡吾心，心已盡矣，我無憾矣，成敗得失，聽命而已。道家之人生以智爲出發點，秉要執本，虛靜爲懷，事不可爲，則亦已矣，若「苦心勞形」，勞而無功，「不泰多事乎？」（漁父）。故莊子曰「古之所謂隱士者，非伏其身而弗見也，非閉其言而不出也，非藏其智而不發也，時命大謬也。」（繕性）。時逢昏亂，遭遇迍邅，則只宜知難而退，獨善其身，故孔子周遊天下，欲行其道，栖栖皇皇，艱險備歷，結果，一籌莫展，仍不免有歸歟之嘆。「天下無道則隱」，「道之將行也歟？命也；道之將廢也歟？命也」；「不怨天，不尤人，」（論語），安分守命，此聖賢進退出處，所以無入而不自得也。

命既爲人生天然固定之條件，爲天賦人生所不可違之定則，由天賦之定則而言，其與性實爲同體而難分，故中庸云「天命之謂性」。由人性固定之條件而言，則與性有相異之點，此可舉周易乾卦「各正性命」之疏以明之「性者，天生之質，若剛柔遲速之別；命者人所稟受，若貴賤夭壽之屬，是也。」性命爲人生之本體，「遁天離性，」（則陽），失性違命，則無人生，故「性命」、「生命」二字，皆聯爲一詞。談及性命問題，則人人皆知重要，而對儒道兩家性命之學，則人多忽之，此之謂不知類。

八、養生

莊子見世人沉於慾壑之中，互相侵害，自相熬煎，已足戕生，而爲政者，欲熄社會之亂端，又極盡嚴法之殘酷，是以「殊死者相枕也，桁楊者相推也，刑戮者相望也。」（在宥）。此皆人慾橫流之所致也；身且不保，何以養生？故養生之道，首在保身，保身之道，在乎修身。「知命者不立乎巖牆之下」（孟子語），「察乎安危，寧於禍福，謹於去就」（秋水）。不行險以徼倖，此保身必遵之道；至於生死夭壽，原有天命，聖人修身以俟之而已。養生主爲養生之專論，其要旨爲順理而不滯於物，處世而不喪其眞，所謂「緣督以爲經」也（順乎中道以爲常法）。故莊子所講養生之道，首重明哲保身之義。

世人對於養生，徒重衣食營養之事。夫物質生活，人人固知重視矣；飽煖享受，人人皆知求其精矣；然此僅爲養形而已，若不明養生之眞道，甚至形且不能養也，故曰：「養形必先之以物，物有餘，而形不養者有之矣。」（達生）。夫衰老病死，爲命定之事，故莊子喪妻哀而不傷；（至樂）。无妄之災，非人所自造，故王駘喪足安之若素；（德充符）。此外，天年未盡而喪其生者，大抵不外兩端：一則言行無度，陷於危亡，此名曰「外刑」；一則慾火燒心，自尋痛苦，此名曰「內刑」；（列禦寇）。二者多由人所自取，此可以避免者也，善養生者，首先避此二刑。

聖人與道同體，懷濟世之志，「臨大難而不懼」，豈怕死而偸生？然天降喪亂，豺狼當道，亦只宜韜光晦迹，苟全性命而已，豈可強有所爲，暴虎憑河以危其身？此時惟有如老子所謂：「處衆人之所惡」，莊子所謂：「支離其德，」（人間世）。「曳尾塗中」，不露鋒鋩，始可保身而全生，故曰：「當今之世僅免刑焉」。（人間世）。

爲人群謀利益倘不可能，猶不可無謂以傷生；又豈可爲一已之名利而害生乎？名利者身外之物也，逐外物而輕其生，是謂「以物易性」，「小人則以身殉利，士則以身殉名……其於傷性、以身爲殉，一也。」（駢拇）。此豈人生之道哉？天有好生之德，人禀好生之性，順天理以盡人性，乃爲人生之眞道，「故曰道之眞，以治其身。今世俗之君子，多危身棄生以殉物，豈不悲哉？」「以隨侯之珠，彈千仞之雀」（讓王），人笑其愚。「彼見利而忘其眞」者（山木），豈非更愚之甚者乎？

凡違背天理，爲求生而適以害生者，謂之「遁天之刑，」（養生主），外刑內刑，皆由遁天而致，爭名奪利，爲外刑之因，此人所易見者也；然能避免外刑者，未必能擺脫內刑；且外刑亦由內刑引導而來，內刑之力，發展於外，故能引起外刑。不獨外來之打擊爲外刑，「而五色令人目盲，五音令人耳聾，五味令人口爽，馳騁田獵令人心發狂，」（老子十二章及莊子天地篇），凡聲色玩好，足以失性害生者，皆爲「外刑」。不獨患得患失，利慾薰心爲內刑，「人樂其性，是不恬也。人苦其性，是不愉也。人大喜邪毗（傷）於陽，大怒邪毗於陰。」（在宥）。凡喜怒哀樂之過分，足以傷情失和也，皆爲「內刑」。故老子告人以「少私寡欲」，情慾激於中，雖未必付之於行動以招禍，而內中「膏火自煎，」（人間世），暗自傷生，甚且劇烈以致死，所謂：「利害相摩，生火甚多，」（外物），「漂疽疥癰，內熱溲膏」，憂煩中灼，「內熱發於背，」（則陽），古人嘗有所謂「疽發背而死」

者，皆「以好惡內傷其身，」（德充符），即自作「內刑」，以戕生也。

和樂爲人生之幸福，有幸福始願多壽，爲富貴而日夜勞心，「久憂不死，何苦也？」（至樂）。「哀莫大於心死，」（田子方），「遁其天，離其性，滅其情，亡其神，」（則陽），身雖未死，而心已死矣，直等行屍走肉耳，故曰「形不離，而生亡者有之矣，」（達生）。故養生之道，身神俱健，乃爲「全生」。「形勞而不休則弊，精用而不已則勞，勞則竭，」（刻意）。故曰「必靜必清，無勞汝形，無搖汝精，乃可長生，」（在宥）。「全汝形，抱（保）汝生，無使汝思慮營營。」（庚桑楚），愁身足以「傷生（讓王），悅志可以「養壽」（盜跖）。「靜默可以補病，皆搣（養生按摩之術）可以休老，」（外物）。「眞人之息以踵，衆人之息以喉，」（大宗師）。……養身之法、「養神之道」（刻意），總以「養心」爲主（在宥，鴻蒙講心養）。養心莫善於寡慾，寡慾則「憂患不能處，年壽長矣，」（天道）。倘情慾攖心，不能化除，而强加抑制，「此之謂重傷，重傷之人，無壽類矣，」（讓王）。蓋多慾多慮，「則必有陰陽之患，」（人間世），「其熱焦火，其寒凝冰，」（在宥），陰陽交訌，則「焚和」傷生（外物）。故莊子養生之要道，不外乎老子「衞生之經」（庚桑楚），抱一守眞，如嬰兒之坦然自然，所謂養其「天和」是也，（知北遊）。「遊心乎德之和，」（德充符），則「平易恬淡，憂不能入，邪不能襲」。「守神貴精」，「德全而神不虧，」（刻意），不惟「長生安體樂意之道」在乎此（盜跖），「嗜欲深者，天機淺」（大宗師），「虛無恬惔，乃合天德，」（刻意），天人神人之境界，亦由此道而悟入者也。

九、內聖外王

莊子天下篇云：「天下大亂，聖賢不明，道德不一，天下多得一察然以自好」。亂世之中，小人道長，聖賢之道衆以爲迂，甚且遭惡類之誣毀，故聖賢遂隱而不彰，然亂而思治，爲衆心之要求，致治之術，必須導人群於道德之徑。於是憂世之士，乃各就其所見而創立學說以圖濟世；或倡兼愛苦行，或倡棄智去己，或倡自耕而食，各守其分，或倡嚴刑重罰，鎮壓治安，百家爭鳴，各持一說。無論其主張重在自治，或重在治人，而其宗旨則皆欲撥亂反治，皆爲道德中之事，「皆各有所長，時有所用」，惟其各得一偏，各執所見，故其主張雖爲道德亦不能統一。不能統一，則各家紛歧而道術分裂，失却純一之道。純一之道，即內聖外王之道也。失却純一，紛雜散瑣，不能窺大道之全，不能盡自然之美，莊子甚爲憂之，故曰：「是故內聖外王之道，闇而不明，鬱而不發，天下之人各爲其所欲焉以自爲方，悲夫……。」

「內」指自身而言，就人格修養言則成爲聖人；「外」指對人而言，就經世致用言則能爲王者，此之謂內聖外王。內聖外王，爲儒道兩家同一之目標。聖人進德修業「非自成己而已也，所以成物也，成己仁也，成物智也，性之德也，合外內之道也，」（中庸）。自身之品格健全，而後能領導羣衆，所謂己立而後能立人，己達而後能達人，「明明德」而後能「作新民」，內外合一，廓然大公，坦然無私，此之謂純一之道。儒家以治國平天下，必先自修身作起，故曰：「自天子以至於庶人，壹是皆以修身爲本。」（大學）。道家亦以修身爲治天下之本，故老子曰：「我無爲而民自化，我好靜而民自正。」莊子曰：「倒道而言，迕道而說者人之所治也，安能治人？」（天道）。蓋必先內聖始克外王，未有外王而不由內聖所致者也。

莊子特重內聖工夫，蓋其生當戰國，天下棼亂，上等爲政者，其居心爲「以己出經式儀度，人孰敢不聽而化諸？」（應帝王）。下焉者，則直以爲以我之嚴刑峻法，人誰敢不服從哉？使人不敢不聽，不敢不從，此全憑政權統制之力，而無須治術化導之功。因此，故政治野心家不講修己之道，而專以治人爲務，霸主政客，君臣際會，不謀而合，皆以爲欲治人，只須有權勢；有權勢即能治人；於是遂專於爭權奪勢，兵由此起而亂由此生矣。莊子見此大患，故專講修己之道，而鮮談治人之事。蓋就羣衆而言，人人修己而天下自安；就帝王而言，必能自治而後能治人，是以在宥篇載：黃帝問廣成子以治天下之道，廣成子不答，及問以治身之術，廣成子乃告以至道之精，且曰「得吾道者，上爲皇而下爲王。」得其道，即能實行其道者也，能實行其道，上逢盛世則可爲皇，下遇亂世則可爲王，皇王一也，言無論何世，皆能勝治天下之任也。可見內聖爲外王之本，王者必須有聖人之德能，而未必皆有聖人之德能，惟聖人始配爲王者，而聖人未必得爲王者。且聖人之求爲聖人，其目的亦不在乎爲王者；聖人以身作則，化導社會，希望人人皆爲聖人，並非希望人人皆爲王者；人人皆願爲聖人，則天下治，人人皆願爲帝王，則天下亂，聖人必能勝帝王之任，帝王未必能行聖人之道，故曰：「道之眞以治身，其餘緒以爲國家，其土苴以治天下，由此觀之，帝王之功，聖人之餘事也。」（讓王）。聖人與天地合德，與日月合明，足以參贊化育，領導羣倫，然聖人有不得爲帝王之時，亦有不屑爲帝王之時，「天下有道，聖人成焉（完成其德業），天下無道，聖人生焉（全生而已）。」（人間世）。素位而行，無入而不自得，帝王之尊貴，誠不若聖人之高尚，帝王之功亦誠爲聖人之餘事，此莊子所以特重內聖功夫也。

然而莊子對內聖與外王，並非有所軒輊也，其外王之理想過高，不但以形名賞罰非治道，（天道），即「藏仁義以要人」，亦爲其所不滿，（應帝王）。其王道理想，爲「大聖之治天下也，搖蕩民心，使之成教易俗，擧滅其賊心，而皆進其獨志，若性之自爲，而民不知其所由然，」（天地）。「明王之治，功蓋天下，而似不自己，化貸萬物而民弗恃，有莫擧名，使物自喜，立乎不測，而遊於無有者也。」（應帝王）。似此聖帝明王之治，功與天地相參，孰不崇爲神明？然而外王仍由內聖而發，故莊子內聖之理想亦過高，不惟陳仲介子之流，矯情廉潔，爲其所鄙視，卽淸高如夷齊，而未脫憤世疾俗之心，未達人生超然之境，亦爲其所不取。其內聖之理想境界爲眞人，爲神人，「知天之所爲，知人之所爲」，「與造物者爲人，而遊乎天地之一氣，」（大宗師），「是其塵垢粃糠，將猶陶鑄堯舜者也，」（逍遙遊）。治天下之事詎足以盡眞人神人之所能？儒家以堯舜爲王道之極，以夷齊爲古之聖賢，而莊子則有其更高之準則。蓋道家之理想過高，其內聖以「上德」爲歸，外王以「大道」爲主，儒家則以世衰道微之時，不敢對衆人遽作過高之要求，故以內聖外王以仁義爲本，切實篤行，始可達入「至德」「至道」之境。——此又儒道兩家不同之點也。

十、道家之人格

儒家所崇之人格，爲行仁義王天下之聖人；道家所崇之人格，爲以無爲化天下之聖人；二者皆具內聖外王之道，惟儒家以「仁」爲出發點，其悲天憫人，行道濟世，責任之心太重，故栖栖皇皇，「知其不可而爲之」，總以治國平天下爲最終之理想。道家則以「智」爲出發點，其法天守靜，並非不講治國救人之道，（老子云聖人常善救人，又云以正治國），然而時當大亂，潮流所趨，「知其不可奈何」，只得「安之若命」（人間世），若空懷杞人之憂，「苦心勞形以危其眞，不泰多事乎？」（漁父）。此兩家之人生態度，顯然不同之處。

儒家專講修己治人之道，道家雖不反對，然道家以治人之權不能由乎我，而修己之功則我得以自主，且治人亦必以修己爲本，故以「帝王之功，爲聖人之餘事」（讓王）。因而道家遂淡於用世，而重於自修。孔子以道不行，亦有避世浮海之想，道家所修成之人格，即在出世入世之間逍遙自得者也。蓋亂世擾攘，苦海險惡，既不能脫離現世，又何以解脫煩惱？惟有加莊子所稱之眞人、至人、聖人之修養，始能恬靜自然，不受外物之擾，「彷徨乎塵垢之外」（大宗師）優游自如，永樂其生，此即超世境界；達乎此境，故能通達無礙大自在也。

莊子逍遙遊，以至人、神人、聖人並稱，成玄英云：「至言其體，神言其用，聖言其名，其實一也。」大宗師，眞人與聖人爲一。達生篇，至人與聖人爲一。徐無鬼，神人與眞人爲一。寓言篇，聖人與神人爲一。德充符，魯哀公稱孔子爲至人。天下篇以天人、神人、至人、聖人並稱，郭象云：「凡此四名，一人耳。」可知眞人、神人、至人、聖人，其實一也。玆分述之：

眞人

「能體純素，謂之眞人，」（繕性），純素者，純潔保眞之妙義也。能體純素之理，則雖混迹世物之中，參變塵垢之內。而周旋事故，理智精純，其神不虧；和光同塵，自有眞宰，與物無雜；此之謂眞人。純一、無二無雜，天之道也，故文子云：「得天地之道，故謂之眞人。」得天地之道，與天地精神合一，則恬淡自然，無入而不自得矣，試看眞人之人格：

俗人迷於利慾，以荒妄之行而犯法招禍，陷身於痛苦之中者，謂之「外刑」；痴情縱慾，勞心機巧，而戕生傷性，自尋煩惱者，謂之「內刑」；不苦於外刑，則苦於內刑，此俗人所以無日不在憂戚之中也。惟眞人能以智克慾，不爲物累，抱素守貞，燕處超然，故曰：「夫免乎外內之刑者，唯眞人能之。」（列禦寇）。

眞人之持身如此，其處世也，則與衆同宜，而無偏私；虛心接物，而不逢迎，道德禮法，從容中度，若行所無事，而人感其淑愼之德。公正坦直，無所阿比；精誠惠和，無不融諧；使人不能以私心之愛惡加乎其身，故曰：「古之眞人，其狀義而不朋，若不足而不承。……以禮爲翼，……以德爲循。」（大宗師）。而人眞以爲勤行者也。「故無所甚親，無所甚疏，抱德煬和，以順天天下，此謂眞人，」（徐無鬼）。如此，故對自身可以善吾生，對人羣可以託天下。

上述眞人持己處世之度，曠達崇高，具備至德，此猶未足以窺眞人之大全也。眞人體道深遠，形神俱妙，故能粃糠塵世，幻化生死，解脫物累，逍遙自在，其超世之量，微妙玄通，深不可識，此種境界，非大智慧不能造入，「天道遠，人道邇」，衆人所見者惟人道，雖明人道而猶不能實踐，而況天道幽玄，豈不被以虛妄置之？惟眞人始有「眞知」，知天知人，妙悟大道，徹見眞性，直與天地造化融爲一體，「遊心於淡，順物自然，」（應帝王），不苦苦有所求，得失利害，生死禍福，皆不足以攖其眞，故「登高不慄，入水不濡，入火不熱」，「不知悅生，不知惡死」，優游自如，「翛然而往，翛然而來而已矣。」（大宗師）。非有眞知通妙道者，豈有如此之功能哉？

神人

孟子云：「聖而不可知之之謂神，」（盡心篇）。言聖人之作爲，如天地自然之變化，衆人不易測也。自然變化，與道相從，隨時之宜，無所滯礙，與世同流，而不自失，此非精誠純一達天德者，曷克臻此？故曰：「不離於精，謂之神人。」（天下）。世人汲汲皇皇，鉤心鬬角，故意爲惡，爲己之利；有心爲善，爲己之功；神人「爲而不恃，功臣不居」之德，豈世人所能量其胸懷？故莊子曰：「神人無功。」（逍遙遊）。蓋其神智精睿，如日月之光，燭幽察微，無所不明，通徹眞理，物我兩忘，與自然相冥合，盡天賦之理，順生化之情，優游於宇宙之間，萬慮俱消，其樂自足，故曰：「上神乘光，與形滅亡，此謂照曠，致命盡情，天地樂而萬事銷亡。」（天地）。其生活不受物慾之累，其精神不被塵寰所拘，其恬淡超世之度，非言語所能狀，莊子曾形容之云：「不食五穀，吸風飲露，乘雲氣，御飛龍，而遊乎四海之外。」（逍遙遊）。此豈凡人所能識其志趣？

至人

有至德之人，謂之至人。至德之人必有救人濟世之志，然而欲安人必先修己，欲立人必先立己，未有己德不修而能濟世，己身不立而能救人者，故曰：「古之至人，先存（立）諸己，而後存諸人，所存諸己者未定，何暇至於暴人之所行？」（人間世）。

常人被世俗利害觀念所困，所行善事多由勉强，至人妙悟大道，思想高遠，其對世間仁義之行，視爲自然之事，以仁爲「安宅」，義爲「正路」，從容中道，無往不宜，故曰「古之至人，假道於仁，託宿於義，以游逍遙之虛。」（天運）。

拘繫得失之心者，每陷於紛爭；堅持執着之見者，必流於偏激；如此，則惹怨致敵，衆毀齊至。至人虛懷處世，心境湛明，自有眞宰，不受外物之擾；順事應理，更無牽掣之患；故曰「至人之用心若鏡，不將不迎，應而不藏，故能勝物而不傷。」（應帝王）。雖與世人共處，「相與交食乎地，而交樂乎天」，然而無私心之愛惡，不以利害相犯，故「不相與爲怪，不相與爲謀」，如嬰兒之天眞，恬淡而無所爲，故「禍亦不來，福亦不至」，永無「人災」之慮。（庚桑楚）。

常人終日營營於當前之環境，勞於蹇淺之事，迷於狹隘之思，而神敝形累，不能自拔。至人不涉虛妄，既應世而有餘；且更遠探「古始」以「復命」；深入玄境以安身；當前宇宙不足以樊籠之，故「歸精神乎無始，而甘冥乎無何有之鄉。」（列禦寇）。

「小知不及大知，」（逍遙遊），修到至人之境界，與天地並存「始終相反乎無端，而莫知其窮，」（田子方），此豈小知者所能想象？莊子曾形容之云：「至人潛行不窒，蹈火不熱，行乎萬物之上而不慄，」（達生篇引列子語），「至人神矣，大澤焚而不能熱，河漢沍而不能寒，疾雷破山，風振海，而不能驚。若然者，乘雲氣，騎日月，而遊乎四海之外，死生無變於己，」（齊物論、王倪語）。「夫至人者，上闚青天，下潛黃泉，揮斥八極，神氣不變，」達乎此道，帝王之樂不能侔也，故「老聃曰：夫得是至美至樂也，得至美而遊乎至樂，謂之至人。」（田子方）。

聖人

聖人致虛守靜，存心養性，不馳逐外物，外物亦無以進擾，因而心境虛靈，妙悟大道，足以鑒天地之精微，明萬物之玄賾，故曰：「水靜猶明，而況精神？聖人之心，靜乎，天地之鑑也，萬物之鏡也。」（天道）。

社會世情繁雜，芸芸衆生，苦爲利慾，互相疾害，其人生之淺鄙，皎然刺目。有志之士，蒿目時艱，或刻意尚行，抗懷自高；或據德依仁，講道訓俗；或建功立名，以安社稷；或隱居巖壑，淸閒自娛；或鍊身養形，以求壽世；此皆已出類拔萃不同凡俗矣，然而各滯一方未爲通美也，聖人既悟大道而達乎天德，故「不刻意而高。無仁義而修。無功名而治。無江海而閒，不導引而壽。澹然無極而衆美從之。此天地之道聖人之德也。」（刻意）。蓋「大道氾兮，其可左右。」（老子），聖人心與道合，惟眞理是從，通權達變，無所不宜，無所拘泥，故曰：「聖人法天貴眞，不拘於俗。」（漁父）。

惟以眞理是從，故無顚倒夢想，高瞻遠矚，遵道而行，履險如夷，無所不安，故曰：「知窮之有命，知通之有時，臨大難而不懼者，聖人之勇也。」（秋水）。知窮通之有命，故應天順理，素位而行，無所苦求，素貧賤行乎貧賤，而自有其樂；素富貴行乎富貴，而永保謙光；盛德發乎至誠，足以感上而化下，「故聖人其窮也，使家忘其貧；其達也，使王公忘爵祿而化卑。」（則陽）。

世人各執妄見，各是其是，各非其非，因而冰炭水火，互不相容。聖人則智周萬物，貫通羣理，無偏無黨，允執厥中，孔子所謂：「無適也，無莫也，義之與比。」使是非交融而歸於至當，故曰「聖人和之以是非，而休乎天鈞，」（齊物論）。天鈞者，自然均平之理也，均平之理，如秤之衡物，必憑實物以決輕重，聖人實事求是，雖明知理有必然，然不肯固執所見；必也因事制宜，審顧周密，使之無忤於物情，因而正確公允無交爭之患，故曰：「聖人以必不必，故無兵；衆人以不必必之，故多兵。」（列禦寇）。

聖人與天地合德，泊然無爲，德洽群生，恩流萬代，皆出乎自然而無所爲，世人頌其功而揚其德，非聖人所預期也。故曰：「聖人之愛人也，人與之名，不告，則不知其愛人也，」（則陽）。治天下者未必爲聖人，聖人德智兼備，有治天下之能，而未必有治天下之權。治人易，治己難，故老子云：「自勝者强」。因此，道家之學問，乃着重於修己，以帝王之功乃聖人之餘事。

聖人洞悉人生之蘊奧，道通天地有形之外，智盡事物變化之機，明徹萬理，總覽大全，故曰「聖人達綢繆，周盡一體矣。」（則陽）。其精神之博大，非時空所能限制，莊子齊物論形容之云：「聖人……不就利、不違害……而遊乎塵垢之外。旁日月、挾宇宙……參萬物而一成純。」（萬年之間，事雖萬變，聖人只抱一而成其精純，不受外物之誘惑）。此眞所謂神聖之境界也。

眞人神人至人聖人而外，莊子所略稱者又有天人、大人、德人、全人、道人、畸人之目。天下篇云：「不離於宗，謂之天人。」「不離於宗即老子所謂「抱一」，一者道體也。言能守道執本，始能達乎天德而爲自然如意之人也。庚桑楚天人與聖人並稱，謂：「忘人因以爲天人矣，故敬之而不喜，侮之而不怒者，唯同乎天和者爲然。」言能率天道之性，故不爲俗情煩心，而一切泰然處之也。秋水篇所稱大人之行，「不多仁恩，動不爲利，不賤門隸……行殊乎俗，……，世之爵祿不足以爲勸，戮恥不足以爲辱，……大人無己」。逍遙遊謂「至人無己」，則大人與至人爲一，徐無鬼稱：聖人澤及天下而不求人知，生不求貴，死不求名，「此之謂大人」，逍遙遊云：「聖人無名」。在宥篇云：「大人之教，若形之於影」，成玄英云：「大人聖人也」，則大人與聖人爲一。天地篇稱：德人妙契道境，不藏是非美惡，寡欲自足，無所拘繫，惟道之從，此即老子所稱「孔德」，即盛德之聖人。庚桑楚「工乎天而俍（良）乎人者，唯全人能之」。郭象云：「全人則聖人也」。成玄英云：「全人神人也。」秋水篇云：「道人不聞」，與聖人無名同意，故成玄英即以道人爲聖人。山木篇云：「至人無聞」，則道人聖人至人皆一也。大宗師所稱之畸人，不耦於俗，孤高其行，此即可謂異人，亦即所謂「方外」之人，此係僅指眞人一部分超世態度而言，其實亦眞人也。

此外，莊子亦曾稱道賢人君子，賢人君子，高尚志節（繕性），服膺仁義禮樂（天下），身殉仁義（駢拇），利害不足以撓其志（大宗師云：利害不通非君子也）。在宥篇：「君子不得已而臨蒞天下，莫若無爲……故君子苟能無解其五藏，無擢其聰明？……」。成玄英云「君子聖人也」

。然此所謂「莫若」爲勸導之詞，所謂「苟能」，爲尚未之詞，則君子仍未及聖人之境。故莊子所稱之賢人君子，爲謹守處世之德，而未達超世之境者，其去聖人猶登堂而未入室也，觀天地篇華封人之語，可知矣。

而莊子所稱之聖人，又分爲二類，與眞人神人至人等並稱之聖人爲一類。馬蹄篇所謂：「毀道德爲仁義」之聖人，胠篋篇所謂：「聖人生而大盜起」之聖人，皆爲「聖智」之聖，專指聰明才智而言，與德智兼備之聖人不同，莊子已明言此乃「世俗所謂智者，……所謂聖者，……。」（胠篋）。聖智之聖，老子所不屑居，故曰：「夫巧智神聖之人，吾自以爲脫焉。」（天道）。則陽篇載魏王聞戴晉人所講鄰國相攻，猶蠻觸相爭之喻，曰：「客大人也，聖人不足以當之」，此已明言聖人不及大人，此與馬蹄、胠篋所稱聖智之聖人同爲一類，而非與眞人大人相同之聖人也。

總上所述，莊子所稱道家之人格，可以眞人、神人、至人、聖人括之。知天知人，爲「眞知」，有眞知者爲眞人，猶之佛家所謂證眞理之人曰眞人。眞人可以爲大宗師，大宗師篇專述眞人之道，王闓運云刻意篇亦專釋眞人。眞人神人至人聖人既爲一，則四者可以眞人爲代表。

眞人內聖外王之學已達極致，如出而應世，則爲聖帝明王。莊子生當亂世，以天下無道，聖人當隱，故每好談眞人出世之境界，所謂：「與造物者爲人，而遊乎天地之一氣，」（大宗師）。所謂「上與造物者遊，而下與外死生無始終者爲友，」（天下）。莊子雖未曾談及仙人，然天地篇：「千載厭世，去而上僊，乘彼白雲，至於帝鄉」，卽如考據家所云此莊子後學所述，然亦實由莊子眞人之境界所演出者，故眞人卽後世所慕之仙人，王筠曰：「呂覽淮南所說眞人皆仙人也。」淮南子道家之語，多承襲莊子，其所稱之眞人至人神人達人亦爲一體。——其言云：「聖人之學，欲以反性於初，而游心於虛也。達人之學欲以通性於遼廓而覺於寂寞也。」（淑眞訓）。「所謂眞人者，合于道也，故有而若無，實而若虛，……無爲復樸，體本抱神，以遊于天地之樊，芒然仿佯于塵垢之外，而逍遙于無事之業。……死生亦大矣，而不爲變。……渾然而往，逯然而來。淸靜而無思慮，大澤焚而不能熱，大雷焚山而不能驚也。……其動無形，其靜無體，……出入無間，役使鬼神，淪乎不測，……此精神之所以登假於道也。」「夫至人稟不竭之府，學不死之師，無往而不遂，無至而不通，抱素守精，蟬蛻蛇解，游於太清，輕擧獨往，忽然入冥。」（精神訓）。

莊子借荒唐之言，無端崖之辭，以形容眞人超塵俗超生死之境界云：「乘夫莽眇之鳥，出六極之外，而遊無何有之鄉，以處壙埌之野。」（應帝王）。「登天遊霧，撓挑無極。」（大宗師），「入無窮之門，以遊無極之野，吾與日月齊光，與天地爲常。……人其盡死，而我獨存乎。」（在宥）。後人遂由此意境而建立神仙思想，如屈原自狀其超世之精神云：「與天地比壽，與日月齊光，」（涉江）。又欲「折若木以拂日，帥雲霓而來御。」（離騷）。此卽神仙境界也。及淮南子始顯然說出神仙之事實，「學不死之師……蟬蛻蛇解，遊乎太清，」（精神訓）。「吹嘔呼吸，吐故納新，（莊子刻意篇謂此乃養形之人，非聖人之所務）遺形去智，抱素返眞，以遊玄眇，上通雲天，」（齊俗訓）。此種事實，具體成爲後世所謂神仙之術。子房棄萬戶之侯而入山辟穀，此種思想至漢漸盛，故論衡道虛篇云：「道家相誇曰：眞人食氣，以氣爲食。」後世之道士，卽陶娛於此種思想之中者。老子雖有「長生久視」之語，然如莊子眞人之妙境，則未嘗談。故神仙思想，實由莊子之超世思想而產生者也。

十一、結論

自漢而後，道家之學，似乎分爲兩系，曰黃老之學、曰老莊之學。漢高帝用張良以黃老兵術而定天下；惠帝、文、景用黃老清簡之治而致太平；故漢初黃老學盛。司馬遷將老莊列爲一傳，學者如班嗣、馬融等，皆崇老莊之學（見漢書敍傳及後漢書馬融傳）。然漢世老莊不及黃老之學盛，至魏晉，老莊之學始大盛；魏晉亂世，一般學者，慕老子之「微妙玄通」、「曲全不爭」（十五章、廿二章），莊子之「養志忘形」、「遊心於淡」（讓王、應帝王篇），深究其旨，相與討論，名曰「清談」。老子所講治國用兵、寡欲愼行，與黃帝之道相合，而成爲黃老之學，莊子闡揚老子抱樸守眞、恬淡自然之道，而成爲老莊之學，簡而言之，黃老爲應世致用之學，老莊爲養心繕性之學，前者重在濟世理事之效，後者重在法天修道之樂，二者各有其功用。

魏晉君臣奪權，風氣敗壞，天下大亂，士之捲入旋渦者，多不得其死，一般名士睹政場之險惡，慕超世之人生，故研討老莊之學，談玄理以娛志，旣無緣於時事，如此獨善其身，有何不可？當時不乏純儒名臣，加以非難，如傅嘏反對倡玄學之何晏，陶侃反對清談，謂「非先王之法言」，然而皆不能救魏晉之亡。晉書儒林傳，亦循當時對「清談」攻擊之言，謂「祖述玄虛，名教頹毀」，後之論史者，如顧炎武等，遂有「魏晉以清談亡國」之說；此只可視爲學術門戶之排斥，非事實也。夫邪說惑世誣民，始足致亡國，邪說不足稱爲學術，老莊乃道家之學術，謂談學術而致亡國，非史實也。文中子周公篇云「玄虛長而晉室亂，非老莊之罪也」；漢末宦官亂政，殺戮賢良，郭太等「明清議於草野」（晉書山濤傳附山簡傳），晉人之清談與漢末之清議相類，「魏晉之際，天下多故，名士少有全者」（晉書阮籍傳），故潛心於玄理，作清談之雅會；晉室亂而清談盛，非清談興而晉室亂也。兩漢經學訓詁完成之後，老莊之學應運而盛，尚有其他原因，余所著「魏晉清談述論」書中曾專論其故。

劉向云「道家之言，合於六經」，莊子天下篇，評論當時各家之學，盛讚儒家詩書禮樂之道，及鄒魯之士；但「天下大亂，聖賢不明，道德不一」（天下篇），孟子與莊子同時，孟子以王道游說時君，失敗而歸。莊子見世亂方殷，不可以有爲，乃棲神沖漠，「獨與天地精神往來」，樂道逍遙，遊戲人間，其廣大自在之人生，豈下士所能想象哉？

學說各有其宗旨，離其宗旨，固執所見，詖辭詭辯，是謬論也。今世思想紛歧錯雜，文風敗落，浮薄之徒，自命不凡，妄議古人，以自衒其聰明。莊子在宥篇：黃帝初見廣成子，問治天下之道，不答，黃帝退，再次往見，問治身之道，廣成子曰「善哉問乎！」乃詳細解說治身之至道。因此，遂有人謂：此近乎楊朱之「爲我」主義，治身爲私事，治天下爲公事，問治天下之道，不答，問治身之道則答，是偏於自私也。余謂此種評語，乃偏於私見者也。一切事皆以修身爲本，能治其身，方能治天下，治天下之道無窮，治身之道亦無窮，登高山復有高山，望滄海復有滄海，莊子此段記載，顯示以黃帝之神聖，尚須問道於高人，高人所答，仍以一切事必以治身爲本，卽中庸所謂「成己」而後能「成物」，孔子云「苟正其身矣，於從政乎何有？不能正其身，於正人何？」（論語子路篇），孟子云「有大人者，正己而物正者也」（盡心篇），大人卽聖人，聖人未必有帝王之位，雖不負治天下之責，而不能不修道，成自修之功，自然可以成治天下之功，故莊子云「道之眞以治身，其緒餘以爲國家，其土苴以治天下，由此觀之，帝王之功，聖人之餘事也」（讓王篇），孟子又云「經德不回，非以干祿也」（盡心篇），言君子守常德而無邪行，並非爲求名譽利祿而然，乃安而行之，當然而然。身不修，則一事無成，故修身爲重，然聖人修身，志不在乎得天下，而乃尊德樂道，我行我素而已，故曰「帝王之功，聖人之餘事也。」——此段黃帝問道之意，顯而易明，而竟有不知而誤解者，若夫齊物論「天地與我並生，而萬物與我爲一」之玄義，大宗師超脫生死「翛然而往，翛然而來」之境界，非精研覃思不能想其彷彿也。

莊子明內聖外王之道，通天人合一之理，生當亂世，見道術分裂，百家各執一偏，不能相通，衆說雜遝，大道隱晦，無法挽救否塞之運，不得已，遂超然世外，獨立寥廓之墟，「上與造物者遊」，以「荒唐之言，無端崖之辭」，述道德之深根，闡象外之妙義，其文瓌瑋，其旨深遠，微言玄理，詼詭幽奇，誠所謂「其本深閎，其理不竭」，莊子稱老子爲「博大眞人」，莊子亦博大眞人也！（以上所引皆見天下篇）。

附：擬莊

莊子全書三十三篇，內七篇，已盡其意，餘皆闡明內篇之旨者。乃就管見所及，淺游之解，作擬莊七篇。

逍遙遊

秦皇漢武，貴爲天子；富有四海，衣則華袞綺麗，珠冕耀星；食則珍饈瑤粲，肥甘足口；居則宮苑璀璨，蘭室幽奥；清歌巧叶妙舞，雅音悅耳；豔容環侍左右，溫馨怡心。出則朱輪接軫，錦旗連雲，金鼓嘈囋，戈甲威嚴，聖明之號，夾路而呼；諂悅之言，應心而至；遨遊九州，百官獻頌；馳驅六合，四夷仰顏；似此極世間之尊榮，盡人生之幸福，宜可以歡情洋溢，快然自足矣。然而其享受愈隆，其大慾愈增，妄想不死之藥，苦求長生之方，空勞憂煩，抱恨以終。以震鑠古今之帝王，猶不能滿足慾樂，而況其下焉者，欲以有限之力量，塡無涯之慾海，此何異螻蟻思銜盡太倉之糧，鼷鼠欲罄呑長江之水乎？無怪乎畢生苦惱而不得逍遙之樂也。

惟「至人」胸襟廣大，慧心無量，窮通榮辱不足以熒其衷，聲色玩好不足以汩其性，以天地爲巨廬，以古今爲一瞬，視追逐利慾者，如羣蠅之爭血；視逞強殺伐者，如衆蟻之排兵；視攘權奪位者，如沐猴之賽技；視巧取苟營者，如作繭自縛；人生如朝露，富貴等冷灰，是以能擺脫物累，而逍遙乎大道之鄉。

俗人縱慾恣情，迷而不返，或沈醉榮利奢玩之癖，而肆其欺詐強暴之行；或固執喜怒愛惡之端，而妄作私心意氣之爭，自陷憂患，永不知悟，互相傾軋，釀成巨災，積萬分之痛苦，圖一分之享樂，違道而貪嗜慾而喪天眞，此所謂養其一指而失其肩背，則爲狼疾之人也。「至人」以心安理得爲樂，遵道而行，優游自如，不受物慾之誘，免被塵網所困；不存執我之見，惟以大通爲歸。苟非其義，雖厚祿而弗受，從容中道，臨大難而不懼，是以列子不納鄭陽之惠，曾子不羨晉楚之富，西伯幽於羑里而演易自娛，尼父困於匡人而絃歌不輟，淸明在躬，志氣如神，處濁流而不染，履荊棘而如夷，無往而不逍遙也。

夫虎豹食肉，麋鹿食草，大鵬翺飛於雲衢之上，鴳雀翺翔乎蓬蒿之間，各隨其自然，各適其天性，便爲至樂，衆生之樂，各有其道，既不了解其旨趣，卽不可論其高下，魯侯以美膳雅樂養海鳥而海鳥死；楚王以巾笥廟堂藏神龜，而神龜朽；汝以爲樂而彼爲苦，違其性卽所以喪其生也。性者生之理也，萬物莫不愛其生，悖理而求生，是食砒充饑飲鴆止渴也。懸餌設阱，危機伏焉，而貪狼觸之；作奸行兇，罪孽昭然，而暴徒競之；是以愚夫之所欲，乃達人之所悲也。「至人」以任天適性爲樂，進退出處，與道相從，攸往咸宜，無所罣碍，寵貴不能搖其心，貧賤不能移其志，採蓮南浦，種瓜東陵，以青山綠水爲家，與野鶴閒雲相娛，藜藿甘於膏粱，寒泉旨於醽醁。蓋神梟之卑棲，恥效惡鴟之戾天；玄蟬之潔饑，不慕蜣蜋之穢飽，是以耕於莘野，釣於濮水，逍遙適意，逌然自得，而能盡其人生之樂也。

「至人」高懷雅量如此，是以斷煩惱，超生死，下揆三泉，上尋九天，橫廓八埏，揲貫萬物，乘雲氣，御飛龍，而遊乎四海之外，此種廣大自在之境界，微妙玄通，深遠曠朗，惟至人能超然獨往，道足於內，物遺於外，世之毀譽是非，皆不足以阻其逍遙之樂也。

齊物論

世人各是其所是，而非其所非，此亦一是非，彼亦一是非，皆自是而非人，事之合於己者，卽謂之是；忤於心者，卽謂之非；是故求是者，非求眞理也，求合於己者而已；去非者，非批邪惡也，去忤於己者而已。桀驁者，不但自行其所是，而且強人以從己，「同於己則可，不同於己，雖善不善。」（漁父）。於是黨同伐異，互相鬥爭，大風起於蘋末，細流演成洪災，而天下亂矣。

彼夫私有所爲，而故意指鹿爲馬，顚倒黑白者，固不可以理論。卽不爲自私，而好論是非者，亦往往恃其微智，憑其臆斷，自謂所度，與事無訛，操主觀之見，拒客觀之理，蔽於一偏，而造出是非之糾紛，此其原因有二：一則固執妄見也，水中植竿，視爲曲折；空中飄蓬，疑其能飛；聞狂風怒號，而謂戰馬長嘶；觀遊雲西行，而謂明月東馳；識見恍惚，大都如此，知之不確，妄以爲眞，而反堅於自信，大放謬論。一則囿於狹見也，見橐駝而以爲馬腫背；見牡麑而以爲羚生角；游潢洿之淺隘，未閱南溟之浩汗；滯丘垤之位埤，不知泰華之峻高；所見者少，識量譾狹，雖有至道，不能領受，而反夜郎自大，敖倪古今。凡此此者，皆足妄生是非而隱蔽眞理，思想之分歧由此而生，人事之傾軋由此而起。

人世之事，有畛域，當有是非，按實以正名，循名以責實，約定俗成，人所共認，此之謂公理，故「有左有右，有倫有義」，輕重有別，多寡有分，紅不可稱爲白，馬不可呼爲牛，事爲我所當任，雖萬難而不辭；物非吾之所有，雖一毫而莫取；在此畛域之中，公理既定，則事非然否，涇渭分明，不可少混，聖人亦與衆人同其是非，而與世俗不相悖。

聖人之行誼雖不悖乎俗，而聖人之胸懷則不與俗同量。夫物之不齊，物之情也，物之不能齊一，則天下無絕對之是非，「長短相形，高下相傾」，「因是因非，因非因是」，有此始有彼，有彼始有此，以此爲是，則以彼爲非，在彼爲是，則在此爲非，是非本爲相對而生，故是非無常，生子愛而養之，惟恐其殤，而「輒木之國，其長子生，則鮮而食之。」喪禮，衣衾棺槨以護死者，而「儀渠之國，其親戚死，聚柴而焚之。」（二事俱見列子湯問）。功利世之所重，而善戰者，今之所謂良臣，古之所謂民賊。富貴人之所欲，而厭棄者曰：「朱門雖富不如貧」，「願世世無生帝王家」。蘭茝蕙蓀之芳，衆人所好，而海畔有逐臭之夫；雲門蕭韶之奏，衆人所樂，而墨子有非棄之論；世間顯明之事，已難固定是非，而況宇宙事物繁頤，智有所不明，理有所難測，「禍兮福所依，福兮禍所伏」、「方可方不可，方不可方可」，變化無定豈可執一端以爲斷？驪姬始爲晉國所得，涕泣沾襟，及專寵後宮，曳綺縠，食芻豢，而後悔其初之泣也。鄧通受銅山以鑄錢，富甲天下，及遭控籍沒，寄人家，苦貧餓，始知多財之爲禍也。孟孫獵得麑，麑母隨之而啼，秦巴西弗忍而放之，孟孫大怒，遂逐巴西，後悟巴西之慈，乃召之爲其子師。（韓非子說林）。彌子瑕見愛於衞君，子瑕食桃而甘，不忍盡食而奉君，君曰：愛我哉！忘其口味以啗寡人。及子瑕色衰而愛弛，得罪於君，曰是嘗食我以啖餘之桃，數其罪而黜之。（韓非子說難）。昨日所是，今日所非；今日所非，明日所是；同一人同一事，而前後是非自相矛盾若此，況乎對他人之是非，苟不同意，必更冰炭難容矣。世人如此「隨其成心」，固執成見，遂糾纏於是非之途，而不能自拔。

聖人智量宏大，以爲道「無所不在」，「未始有封」也，「物固有所然，物固有所可，無物不然，無物不可」，忤於我者，未必不合於人；合於我者，未必不違乎俗；故能玄同彼我而無是非之爭。「其分也成也，其成也毀也，凡物無成與毀，復通爲一」，「故分也者，有不分也；辯也者，有不辯也。」眾人各執所見以相辯，妄勞神明而不能一，聖人懷之於心，「而照之以天」，「和之以是非而休乎天鈞」。天鈞者，天然均平之理也，以自然之道而調諧是非，則「道通爲一」，息智乎均平之鄉，休心乎恬靜之境，是非既泯，而物論齊矣。

養生主

天下之人皆知愛其生矣，誰不知養其生哉？膏粱肥甘以潤口，貂裘蟬紗以適體，高樓華屋以安居，錦輿駿馬以代步，乃至遊獵以快心，歌舞以怡情，服藥以益壽，運動以強身，凡養生所必需者，求之惟恐不周；故世人孜孜矻矻，晝夜爲養生而奔忙，養生所必備者，可以飽煖安樂四字括之，世人所求飽煖安樂之要領，又可以名利二字括之，名愈高，利愈富，其飽煖安樂之享受愈豐，故世人無不汲汲於名利。

世人雖知養生，然豈眞能養生哉？「養生以不傷爲本」（抱朴子極言），恣饕餮以損害臟腑，貪安逸以廢惰肢體，馳騁田獵以狂其心，淫樂麻醉以耗其神，茹藥增慾以摧其本，鬥技爭勝以傷其氣，是則養生適所以傷生也。終日競逐名利，焦心槁形以折其壽，巧取強奪以危其軀，然則世人雖知養生，而實不能養其生也。

抑世人養生之目的，只可謂「養形」而已。人體「百骸九竅六臟，有眞君存焉」（齊物論）。眞君者，眞我也，我之性命也，我之主宰也；其爲體也，空靈自然，具衆理而賦良能，對是非善惡，辨之至淸；對利害取捨，處之至當；「以神遇而不以目視」，指揮一切，無不合度。倘不幸，人受外物之蠱，開門揖盜，致使邪惡攻入，篡易眞君，失却自性喪却眞我，沉迷於荒妄之途，「薾然疲役而不知所歸」，眞宰已失，形且不能養矣！卽能養其形，而行屍走肉，「人謂之不死，奚益？」（齊物論）。爲物慾而勞形憂心，固不能養生；卽能擺脫慾累，而頹隳怠敖，眞我不振，亦爲不善養生。魯有單豹者，巖居而水飮，不與民爭利，行年七十，猶有嬰兒之色，不幸遇餓虎而被食。有張毅者，追求榮利，奔走高門，行年四十，而有內熱之病以死。「豹養其內，而虎食其外；毅養其外，而病攻其內」，此皆不善養生者也。（達生）。

「眞君」爲人生之主宰，故善養生者，修眞養性以健強眞我。靜漠恬淡，外不役於物；和愉安詳，內不亂於思；是以「血脈無鬱滯，五臟無蔚氣，禍福弗能撓滑，非譽弗能塵垢」（淮南俶眞訓）。如此，則可以全生，可以盡年。「夫喜怒者，道之邪也，憂悲者德之失也，好憎者心之過也，嗜慾者性之累也。人大怒破陰，大喜墜陽，薄氣發瘖，驚怖爲狂，憂悲多恚，病乃成積，好憎繁多，禍乃相隨。故心不憂樂德之至也，通而不變靜之至也，嗜慾不載虛之至也，無所好憎平之至也，不與物散粹之至也，能五者，則通於神明。……是故以中制外，百事不廢。……筋力勁強，耳目聰明。疏達而不悖，堅強而不韇，其魂不躁，其神不嬈。」（淮南原道訓）。養生之道於此備矣。

總之養生之道，要義有二：曰「緣督以爲經」，「曰安時而處順」，緣督以爲經，則守常明達，邪魔不能侵；安時而處順，則與道相從，哀樂不能入；如此，則生死變化，處之泰然；眞我自在，來去無礙，此所謂與大化冥合，與天地比壽者也。

人間世

皇路昏晦之日，國運板蕩之秋，小人道長，君子道消，忠正見排於邪黨，雅人不容於暴徒，讒諂行賄者，得志於官階；奸險結勢者，弄權於高位；毀壞典常，毒痛天下，雖衆怨沸騰，大難將臨，而仍肆虐無忌，怙惡不悛。此時，有忠懷耿介者，起而進藥石之言，則徒如龍逢比干之被戮；有義勇慷慨者，起而挽狂瀾之險，則徒如子胥武穆之慘死；時俗溷濁，到處荊棘，如此人間世，將何以處之哉？

夫「禍莫大於不知足，咎莫大於欲得」（老子），貪慾之病，反道敗德，或詭以求榮，或詐以牟利，此對公眾足以致亂，對自身足以喪生，在清平之世，禮法昭然，固必遭譴；當變亂之時，殺掠風行，尤易招災；此稍有德慧者，亦知自戒。若夫時逢否運，衆勢所趨，當局者，營私誤國，亂政殃民，明知樹倒猢猻散，屋塌風雨來，而惡貫未滿，終不罷休，民心既失，衆怒洶湧，或尤而效之，作奸爲寇；或詛時日曷喪，欲與偕亡；或奮袂揭竿而起，發動革命流血之潮；此之謂大劫當臨，人心思亂，聖賢亦莫如之何。而乃有蒿目時艱之士，銳志力行，熱心濟世，痛齷齪之作祟，憤敗類之禍國，既獻治安之策，復上彈奸之書，「余固知謇謇之爲患兮，忍而不能舍也」，「雖體解吾猶未變兮，豈余心之可懲」？果遭群小之害，竟爾抱恨以終，是以梅伯苦諫而被殺，屈平投江而自盡。「伏清白以死直兮，固前聖之所厚」，義之所在，事所當然，固不可貪生而怕死，然而欲除衆害，一夫不能勝群醜；雖有至誠，殺身不能挽危局；空作犧牲，無補事實，似此而堅執必死之心，其情可憫，其行過當，達人不然也，「天下有道則現，無道則隱」，故螳臂當車，蒙叟笑之，暴虎憑河，尼父非之，鴟鴞集林，則鸞鳳遠颺；豺狼當路，則麒麟遐遁；見幾而作，虛心應物，方不悖自然之道也。

人羣擾攘，名利相爭，位高者遭嫉，財多者厚亡，良莠不齊，今古同然，利害互抵，衝突易生，亂世固難處，治世豈易處哉？道家秉要執本，處世有其要方，曰「不敢爲天下先」，曰「處衆人之所惡」，蓋剛則易折，銳則易挫，強梁者不得其死，好勝者必遇其敵，故大智若愚，大勇若怯，才高不發者，並非頑鈍；胯下受辱者，不爲懦夫。世人好高惡下，趨炎赴勢，蒼鷹爭樹，同類相噬；飛蛾投火，自焚其身；故明哲弭患於未形，智士聞利而慮害，「衆人皆有餘，而我獨若遺；俗人昭昭，我獨昏昏」；人棄我取，人奪我讓，「我愚人之心也哉？」（老子）。蓋明理知幾，恬淡爲懷，「屈心而抑志兮，忍尤而讓詬，」（離騷），無得意，亦無失意；無所謂榮，則無所謂辱；多尙人者，有招怨之患，守雌節者，無爭雄之禍；「夫唯不爭，故天下莫能與之爭」矣（老子）。

聖人之所以守謙居下，與世無競者，非力不及人，智不勝衆也；亦非不欲展其嘉猷，建立勳業，造福天下，與民同樂也；蓋人世之事，永難圓滿，欲盡如所願，何異緣木以求魚？倘強有所爲，勢必自苦而擾人；聖人知理有必然，事有定限，世事多艱，不作非分之想；時運當厄，不勞無謂之憂；「知其不可奈何，而安之若命」。「乘物以遊心，託不得已以養中」，順事物自然之理，遊心其間，以寄人生之趣；藉坎坷危難之境，惕厲自修，以鍛中正之德；是以窮達無所慮，出處無所繫，其動也爲元凱之表，其靜也爲逸民之宗。聖人之道，一龍一蛇，與物變化；能屈能伸，隨時制宜；雖人情險窄，世路崎嶇，如此而處人世之間，亦恢恢乎游刃有餘地矣。

德充符

人類整個生命，可分爲軀體與精神二部。手足主乎動作，耳目主乎視聽，凡軀體所具之部分，皆各有其機能，各有其功用，一部受傷，則失却一部能力，甚至影響全體，故人人皆知愛其軀體。顧手能操作，然而有所不肯作之事；足能奔走，然而有所不肯往之地；耳雖能聽，而有所不屑聞之語；目雖能視，而有所不願睹之物。明知衝鋒陷陣是爲冒險，然而粉身碎骨，在所不懼；明知革命起義必須流血，然蹈湯赴火，亦所不辭；是孰致之哉？曰精神也！精神可以使人死裡求生，可以使人厭世自殺，是則人之軀體乃受精神支配者也。精神者，軀體之主宰也，世人只知愛其軀體養其軀體，而不知愛其精神養其精神，是一偏之蔽也。

精神疲倦之時，休息入眠，目瞑耳塞，全身聽命令而停止活動，此時有人在旁指名而詈之，口不能斥駁；有人持刀而嚇之，心不知恐怖；精神歸寂，則軀體失靈矣。死者，即精神離散去而不返，不能爲軀體作主，故軀體失却生命也。㹠子愚蠢動物，見其母死，亦驚棄而遠之，人爲萬物之靈，富有情感，而親屬既死，則亦掩埋之，或焚化之；即軀體未死，而精神患病，言語顚狂，行動失常，家人亦必隔離，而不願接近之，故曰「所愛其母者，非愛其形也，愛使其形者也」，使其形者何？即形體之主宰——精神也。

於此可謂精神者，眞我也，形體者，眞我之器也。人之四肢五官，形貌相似，而聖賢庸愚，品第不一，才智之施展，眞我之力量也；道德之遵守，眞我之主持也；喜怒哀樂，是非取舍，眞我之指揮也；眞我健全，則人生至樂，無入而不自得。欲善其事，必豐其基；欲茂其本，必深其根；眞我健康，則誠於中形於外，軀體亦泰然自適矣，修養眞我者，「遊心乎德之和」，外物不能誘其身，故寵辱不驚，得失不憂，蕩蕩然，神形一致，處變如常，始終不渝。暴棄眞我者，任肉感之衝動，恣放肆之行爲，雖欲揜其不善而著其善，然而形神不謀，矯揉作僞，欲自欺而欺人，不可得也，偉哉眞我！形體蓋爲其附庸者也，心願既許，一誠無欺，故徐君雖歿，而季子千金之劍，依然脫以相贈。意志既定，百折不回，故秦皇雖暴，而荆卿抱必死之心，毅然犯之而不悔。幼女本弱，何以能制虎而救父？將軍雖勇，何以能發箭以穿石？「行者思於道，而居者夢於牀」（淮南說林訓）；慈母家中嚙指，而孝子山中痛心；眞我實有超越軀體之能量，實有不可思議之神妙。

是以聖人重夫眞我之修養，以盡全體之大用，苟眞我圓滿，內德充實，則對外應物，自然得心應手，契乎天理，若合符命。軀體之年壽，修短隨化，終期於盡；眞我有向上之志，有遠大之願，非軀體所能拘繫；所謂「德有所長，而形有所忘」，小信小義之凡夫，尙能爲赤誠而忘身，蹈白刃而自甘，而況聖人恬淡自然，與天合德，不惟視名利如浮雲，且能解脫情欲，超乎形骸之外，「以死生爲一條」，「雖天地覆墜，而不與物遷」眞我自在，永無終極，所謂「外其身而身存」（老子），非如俗人僂僂然僅守其軀殼，所能盡其人生之妙趣也。

大宗師

道德爲立身之本，知能爲謀生之技，二者爲人生所必備，此中學問廣大精微，浩汗無涯，雖罕有能造至高之境者，然而最低限度，必須稍有所具，若絲毫皆無，則不能生存。無知能而不能生存，固爲顯然；如不遵道德，暴行無忌，又何以能生存？盜賊之所以能生存，不惟以其有穿窬劫掠之知能，又以其不敢徹底廢棄道德，不然，若逢人便恣意搶殺；無義而同夥自訌；則一朝必亡矣。故曰：「盜亦有道」。道德知能，可總稱之曰「道」，道也者不可須臾離也，故下自屠狗騙馬之技，流氓私黨之徒，莫不求其道，莫不有其師；而況明哲之士，志願偉大，欲探宇宙之眞理，以達人生之至善，非有大宗師，誰能導夫先路也哉？

有眞知者爲眞人，眞人始可爲大宗師，普通求知之術，由已知以推所未知，憑此理以追求他理。

睹鳥跡而創文字，見浮木而悟舟楫，作德心逸日休，作僞心勞日拙，前車之覆，後車之鑒；月暈而知風，礎潤而知雨，前事不忘，後事之師；舉一反三，觸類旁通，如此，「以其知之所知，養其知之所不知」，本爲求知之妙方，可達多知之要求，然而世人未必能精確運用也，苟持妄見，便生妄知，恃妄知而推理，強不知以爲知，則偏狹多蔽，所知非眞，此所謂一曲之士也。眞人聰明睿智，精思妙悟，深識天地萬物以大道爲宗，人爲萬物之一數，當不離於宗，以善其生。天道惡盈，物極必反，因而明「守中」之道。「飄風不終日，驟雨不崇朝」，因而悟恬靜之德。二氣醞釀，雲騰致雨，露結爲霜，於以推變化之理。四時運行，「獨立而不改，周行而不殆」，於以效自強之功。大道氾兮，無所不在，一事一物，皆爲學問。大道者，自然也，周流六虛，通行無礙；包羅萬有，妙用無窮；人苟不被物慾所蔽，不存執我之見，修養天賦之德性，發揚天賦之良知，探賾索隱，顯幽闡微，用之於格物，則可以「極深而研幾」；用之於行事，則可以應變而得宜；此卽所謂：「知天之所爲，知人之所爲者」，此之謂「眞知」。

衣食養生之事，愚夫皆能自足；慾壑無厭之求，帝王亦難遂心；各憑當前之現實，各就可能之範圍，人生所共同要求者，爲離苦得樂。何以能離苦得樂？各有其所取之徑，皆必由寡慾入門。眞人者，離苦得樂之導師也，其修道之程序：首則專誠壹心凝神靜慮，不受環境之侵誘，此之謂：「外天下」。繼之則心境虛寂，理趣洋溢，消却嗜慾之累，此之謂「外物」。繼之則「離形去知，同於大通」，悠然忘自身之私，浩然與天地冥合，此謂之「外生」。既能外生，則俗慮滌除，靈慧銳敏，頓似夢覺，恍然朗悟，如朝氣之充宇宙，萬象清豁；如旭日之照大海，一片空明；此謂之「朝徹」，能朝徹，則洞察庶物，貫通羣理，始能入衆妙之門，見純一之道，此之謂「見獨」（絕對之道），能見獨，故悟眞我之性，獨立自然，超乎空間，不滯古今，此卽「入於不生不死」，所謂：「與造物者爲人，而遊乎天地之一氣」，此天人合德之境也。

眞人知天知人，達天人之境，旣悟眞一之道，而不迷於塵俗；又明人事萬殊，而各有其當然；旣可「與天爲徒」，亦可「與人爲徒」，旣能妙神通玄，超凡自在；亦能和光同塵，與世相處；逍遙乎大道之鄉，超脫於生死之途，斷盡煩惱，恬愉自得，如此，則內聖之德已足，如此，始可爲大宗師。

應帝王

老子云：「自勝者強」，常人只求勝人，而不求勝己，故每日習機詐，弄權術，苦苦逞對人之技，處處以勝人爲務，自身之私慾繚亂，知爲腐敗，而不能革新；荒妄貪戶，知必買禍，而不能戒止；卒之自侮自毀，惟因不能勝己，故遂不能勝人；僨事敗事，非因不能勝人，而由不能勝己；牟利營生之庸人固如此，卽口稱治國安民之王公大人，又何嘗不如此？高談雄論，專講治人之術，而以私害公，却無治己之心。夫不能治己者何以治人？不能自勝者，何以自救？不能自救者，何以濟萬民？是以必須有內聖之德，而後克成外王之功也。

普通帝王，其南面術之要訣，大抵相同，曰：「以己出經式儀度，人孰敢不聽而化諸？」所謂不敢不聽，則全係以力服人，上焉者，以力假仁，善運統治之略，而成爲霸王；下焉者，嚴刑峻法，橫施控制之策，而淪爲暴君。夫「勝人者有力」，力實可以制人，然爲君而全憑以力制人，則爲君之道亦太易矣，惟其以此道太易，故歷代聚羣結勢，朋比爲奸，起而爭君位者實繁有徒也。倘人間世有如上帝之威權者，宣佈爲君之旨曰：「爲君必須以王道爲本！」則爭君位者，皆必知難而退，避而遠之，惟恐天下之重任加乎其身矣。

王道以天爲法，其治民也，不憑智巧，不事強制，而惟順乎自然之道，使人民各安其性命之情。「禹決江疏河，以爲天下興利，而不能使水西流；稷辟土墾草，以爲百姓力農，然不能使禾冬生；豈其人事不至哉？其勢不可也。夫推而不可爲之勢，而不修道理之數，雖聖人不能以成其功，而況當世之主乎？」（淮南主術訓）。養鶡雀於籠中，供其粱粟，非不安逸也，然而形色憔悴，每至損其天年，哀鳴而死；畜虎豹於柙中，飽以臠肉，可謂優遇矣，然而積怒咆哮，每欲傷其主人，突圍而逃；何也？劫其自由，違其天性也。是以聖王爲政，「以百姓心爲心」，民之所好好之，民之所惡惡之，無爲而治，「故天下誘然皆生，而不知其所以生；同然皆得，而不知其所以得。」日出而作，日入而息，「含哺而熙，鼓腹而遊」、「百姓皆曰我自然」。

聖王之政治原理，爲「順物自然」，其實行之方，則以身作則，「無容私焉」而已。夫一人有慶，兆民賴之，元首所尚，羣衆所趨，上行下效，風氣以成，「故楚王好細腰，而民有殺食自飢也；越王好勇，而民皆處危爭死也」（主術訓）。「有唐以鹿裘臻太平，齊桓以捐紫止奢競」（抱朴子廣譬），「民之化也，不從其所言，而從其所行」（主術訓）。其身正不令而行，其身不正雖令不從，故曰：「我好靜而民自正，我無欲而民自樸」（老子）。「無私」非僅指私人之企圖而言也，好逞私見，好用私智，事雖爲公，而違乎公意，卽爲私矣。聖王「以天下之目視，以天下之耳聽，以天下之智慮，以天下之力爭」，「夫乘衆人之智，則無不任也；用衆人之力，則無不勝也」（主術訓）。故曰：「無爲事任，無爲智主，至人之用心若鏡，不將不迎，應而不藏，故能勝物而不傷。」以衆人之意見爲意見，以衆人之力量爲力量，則阻礙不生，而事功順成，此所謂無爲而治也。王道之政治如此，今日民主政治之要求，猶高於此乎？

順天理以安民生，使天下之人，不識不知，順帝之則，而登郅治之世，享清平之樂，此非大智者不能爲；而人飢我飢，人寒我寒，一夫不被其澤，若己推而納之溝中，曰：「萬方有罪，罪在朕躬」，先天下之憂而憂，後天下之樂而樂，此非大仁者不能爲；其仁如天，其智如神，此之謂聖人；然聖人未必得爲帝王，聖人亦不如世人之好爲帝王，倘時運促成，不得已出而應命，則以聖人之德，成王道之治，是其餘事也。

中華哲學叢書
莊子要義

作　　者／周紹賢　著
主　　編／劉郁君
美術編輯／中華書局編輯部

出 版 者／中華書局
發 行 人／張敏君
行銷經理／王新君
地　　址／11494 台北市內湖區舊宗路二段181巷8號5樓
客服專線／02-8797-8396　　傳　　真／02-8797-8909
網　　址／www.chunghwabook.com.tw
匯款帳號／華南商業銀行　西湖分行
179-10-002693-1　中華書局股份有限公司

法律顧問／安侯法律事務所
印刷公司／維中科技有限公司　海瑞印刷品有限公司
出版日期／2015年7月再版
版本備註／據1983年8月初版復刻重製
定　　價／NTD 180

國家圖書館出版品預行編目（CIP）資料

莊子要義 / 周紹賢著. — 再版. — 台北市 :
中華書局, 2015.07
面 ; 公分. — (中華哲學叢書)
ISBN 978-957-43-2551-1(平裝)

1.莊子 2.研究考訂

121.337　　104010326

NO.B0032
ISBN 978-957-43-2551-1（平裝）